一本书读懂
互联网投资理财

蔡余杰 著

中国宇航出版社
·北京·

图书在版编目(CIP)数据

一本书读懂互联网投资理财 / 蔡余杰著. -- 北京 : 中国宇航出版社，2016.5

ISBN 978-7-5159-1086-4

Ⅰ. ①一… Ⅱ. ①蔡… Ⅲ. ①互联网络－应用－投资－基本知识 Ⅳ. ①F830.59-39

中国版本图书馆 CIP 数据核字（2016）第027022号

策划编辑　田芳卿
责任编辑　卢　珊　　装帧设计　宇星文化

出版发行　中国宇航出版社
社　址　北京市阜成路8号　　邮　编　100830
(010)60286808　　(010)68768548
网　址　www.caphbook.com
经　销　新华书店
发行部　(010)60286888　　(010)68371900
(010)60286887　　(010)60286804(传真)
零售店　读者服务部
(010)68371105
承　印　三河市君旺印务有限公司
版　次　2016年5月第1版　　2016年5月第1次印刷
规　格　787×960　　开　本　1/16
印　张　15　　字　数　202千字
书　号　ISBN 978-7-5159-1086-4
定　价　38.00元

本书如有印装质量问题，可与发行部联系调换

前言

PREFACE

2013年6月13日，余额宝横空出世。截至2014年1月16日，余额宝的资金规模突破2500亿元。仅仅200多天，余额宝就创造了从0到2500亿的奇迹。

余额宝的问世，其意义不仅仅在于给投资者带来了高于传统投资理财产品的收益，也不在于创新了投资理财方式，它的真正意义在于开启了一个全新的互联网金融时代，这是国内前所未有的金融模式创新。

余额宝打开了互联网金融时代的大门，起到了抛砖引玉的作用。之后金融界出现的丰富多彩的互联网投资理财模式，不断充实了互联网金融的内涵，成为推动这一领域勇往直前的最强动力。

互联网投资理财是最近几年才逐渐兴起的产业，目前国内存在的互联网金融模式，有的处于刚刚诞生的起步阶段，有的处于“摸着石头过河”的试水阶段，还有像余额宝这样的先驱者处于红极一时之后的平缓阶段。总的来说，互联网金融还只能算是处于“婴幼儿”发展阶段，风险与机遇并存，但发展前途不可限量。

对于大多数投资者来说，余额宝并不陌生，但是提起其他互联网投资理财产品，好多人就了解不多了，比如众筹、P2P网贷、票据理财等，这些互联网金融模式由于是新兴产业，还属于比较小众的领域。然而，作为互联网金融时代的幸运儿，如果你对这些投资理财方式一无所知，也不会利用这些互联网金融产品投资理财，那你就 OUT 了。

中央财经大学著名经济学教授王福重先生曾预言，“未来的世界将不再需要银行”。玩转金融不需要懂金融，所有的金融交易也不需要去银行大厅排队办理，在互联网平台上即可办理，只需要你有一台能上网的手机或电脑。

互联网理财是面向未来的理财方式，作为投资者，怎么能不懂点儿关于互联网投资理财的知识呢！为了让读者能够快速入门互联网投资理财，紧跟时代潮流，为自己的资金寻找更好的投资方向，实现稳定的保值增值，是写作这本书的初衷。

通过对本书的学习，相信大家能对当前互联网投资理财模式以及具体的理财产品有所了解。例如刚刚“退烧”的“宝宝”类理财产品，高收益低风险但是却“一票难求”的票据理财产品，创意第一、利益第二的“奇葩”理财模式——众筹，遍地开花、收益可观的 P2P 网贷产品，疯狂涨跌的“过山车”产品——比特币。另外，还有帮助你利用第三方支付系统购买各种理财产品的具体操作步骤。

无论你是迫切想要入门互联网金融的投资菜鸟，还是想要增长一点投资常识的过路人，此书都能满足你的需求。学点儿互联网投资理财知识，相信对你的生活有益无害。

最后，在这本书的写作过程中，感谢一直支持我、给我动力的团队，没有你们的支持，我无法坚持到最后。另外，本书充分尊重原创的研究成果，书中借鉴之处均有标注。如有见解粗浅之处，希望大家提出批评，感谢前辈们对互联网投资理财领域的研究和贡献！

目录

CONTENTS

Part1 互联网金融，开启投资理财新时代

Part2 互联网投资理财实战攻略

Part 1

互联网金融，开启投资理财新时代

第一章
全民理财时代到来

在传统观念里，投资理财似乎是有钱人的特权。然而，随着互联网金融的不断发展，投资理财的概念被重新定义，一个全民理财的时代正向我们迎面走来。

1. 互联网时代，别让钱“躺”在钱包里

1995 年，马云决定转行互联网时曾预言，“互联网将改变人类生活的方方面面”。那时中国的互联网发展尚处于萌芽阶段，人们对这个名不见经传的小人物所说的话显然不屑一顾。

时光飞逝，二十年后的今天，中国互联网的普及率以及网民规模已经不容小觑。中国互联网络信息中心（CNNIC）在京发布的第 35 次《中国互联网络发展状况统计报告》显示：截至 2014 年 12 月，我国网民数量已达 6.49 亿人，互联网普及率为 47.9%。

时间验证了马云的预言，互联网的确改变了我们的生活。QQ、微信等社交工具，让我们实现了隔空“面对面”交流；各种网上商城，让我们享受随时随地购物的乐趣；我们甚至可以运用微商等电商平台，实现在家上班……

互联网的发展，也极大地冲击了人们投资理财的方式，引领我们走向互联网理财的新时代。那么，你的资金搭上互联网理财的“快车”了吗？

北京大学国家发展研究院副院长黄益平曾说，“中国社会存在一种现象——穷人靠工资收入，富人靠投资回报”。大部分国人投资理财的思想过于保守，死盯着每个月的工资，然后把辛苦攒下的积蓄存入银行，不是让钱“死”在钱包里，就是让钱“死”在银行里。这种只有存款意识没有投资意识的做法，导致穷人愈加穷困。大多数富人则因为善于投资理财，能够让钱生钱，利滚利，因而愈加富有。

不管你贫穷还是富有，学会运用互联网投资理财，让你的钱“活”起来，收获更多的收益，而不是让它“死”在你的钱包或者银行里，是十分必要的。

随着移动互联网时代的到来，出现了哪些理财工具，它们又有哪些优点呢?

首先，以“余额宝”为首的“宝宝们”的出现，降低了投资理财的门槛，开创了理财“从零开始”的局面。这些“宝宝”类产品的收益基本上都要高于银行活期存款利率，又可以实现实时存取，操作简单灵活。借助互联网的便捷，这类产品迅速传播，尤其受到了年轻一代的追捧。

随着互联网理财新工具的出现，传统的以银行为主的低利率、面对面、信息闭塞的理财模式将会受到极大的冲击。无论是在安全性和快捷性等方面，互联网理财都更加优化，更加注重投资者对金融服务的体验，力求把移动终端的服务从简单的平面化向立体化、全方位发展。例如腾讯 QQ 推出的财付通，就是将理财与互联网、资讯、通信等融为一体的立体化理财工具。

任何互联网创新均来源于用户的需求，各种互联网理财 APP 的出现，也是因需而生，想顾客所想，拥有传统理财方式不可比拟的优越性。未来，理财市场被它们占据，也将是时代发展的大势所趋。借助这种全新的理财工具，为你创造更多的财富，让你的资金轻松获得更多的收益，各位投资者，你还在等什么，不要让钱包里的钱再沉睡了！

2. 新颠覆：互联网投资理财

在互联网时代，金融与互联网不期而遇，就像火星撞地球一般迸发出剧烈的火花。

互联网金融依托第三方支付、云计算、各类网站等互联网参与方，让用户轻松实现融资、借贷等业务，为投资理财开创了前所未有的美好前景，同时也颠覆了传统投资理财的方式、方法甚至观念。

颠覆具体表现在以下几个方面。

● 全民理财时代

改革开放前三十年，也就是1978年到2008年，中国经济持续以10%的平均速度增长，可谓是经济发展的黄金时期。

随着经济的迅猛增长，物价在也不断地挑战中国普通老百姓的钱包。三十年前，一块钱可以买20个鸡蛋，现在连两个鸡蛋都很难买到。虽然改革开放让老百姓的钱包鼓起来了，但是物价上涨、人民币贬值，让老百姓看起来鼓鼓的钱包严重缩水。

为了留住我们的钱，让钱生钱，并且生钱的速度能够超过贬值的速度，老百姓开始认识到投资理财的重要性。与其让钱逐渐变得不值钱，还不如让它发挥更大的价值，即使要冒着亏损的危险。

老百姓产生投资理财的意愿之后，才发现传统理财方式根本不能满足自己的需求。比如，把钱存到银行，但是银行的利率平均只有3%左右，甚至比通货膨胀率还要低，实际上反而是负收益。购买其他理财产品，比如银行销售的理财产品，其门槛最低也是5万元起步。如果投资股票，由于风险较大，对投资技术要求较高等诸多因素，也让很多人望而却步。

互联网金融推出的理财产品，颠覆了传统金融的神圣地位，让投资理财更适合于普通百姓。

2013年，以余额宝为代表的各种“宝宝”们的出现，冲击了传统金融市场，实现了一元起步的“零花钱”理财模式。即使你只有一元钱，只要放在“宝宝”里，就可以获得相应的收益。这些“宝宝”们的收益要高于传统的银行活期利率，且存取方便灵活，门槛低。与动辄就是5万元起步的银行理财产品相比，互联网理财产品显然更加亲民，更具有草根精神，更符合和尊重普通大众的需求。

互联网的精神是开放、自由、共享、平等，这与传统金融业复杂化、精英化、中心化的特点相比具有很大的不同。互联网金融正是发扬了互联网精神的精髓，开创了全民理财的普惠金融新时代。

● 高收益VS高风险

传统金融界流传着这样一句至理名言：高收益伴随高风险。果真如此吗？高收益必定会有高风险？鱼与熊掌不可兼得？

互联网金融下的投资理财颠覆了这种观念，在一定程度上实现了高收益、低风险的理想状态。这种可能性是基于互联网投资理财平台依托互联网的大数据挖掘和精准分析，能够有效甄别个人或者团体的信用度，把线上每一个用户的数据，动态地、相关地联系在一起，这是传统金融机构分散的、隔离的、静态的数据无法相比的。

这种大数据管理能够有效判断每一位用户的信用，一旦发现有违背信用的现象，能及时给予相应的警示，做好预防措施，从而让坏账、跑路现象降到最低程度。因此，在同等条件下，互联网金融产品能比传统金融产品获得更多的收益，降低更多的投资风险，从而实现用户高收益、低风险的梦想。

当然，互联网金融投资理财也存在不可避免的风险，理财投资不能一味追求利益，风险因素也是必须要考虑的。

● **平台透明化**

互联网投资理财平台透明化，主要表现为信息透明化。这种特性使得线上与线下的信息交流及时对称，用户可以随时随地查看自己的资金变化、涨跌信息、利率高低、收益波动。互联网投资理财平台还十分注重用户体验，致力于让平台实现绝对的公平化和透明化。

在这些投资理财平台上，你可以看到每天的收益与利率变化，以及资金流向等信息，让用户有种把钱牢牢握在自己手中的安全感。

互联网时代的投资理财，从观念、方式、渠道、技术等方面颠覆了传统投资理财，让普通老百姓也能玩转金融，轻松实现投资理财，这不得不让我们感慨：这是一个伟大的时代！

3. 互联网精神，开辟投资理财新未来

互联网金融是基于互联网精神的金融服务，互联网精神包括开放、共享、普惠、平等等各个方面。互联网金融的发展践行了这些优秀品质，开辟了金融业的新未来，互联网投资理财亦是如此。那么，互联网精神的参与开创了投资理财怎样的未来呢？

总体来说，这张未来的蓝图可以描绘为：互联网投资理财是以每一个客户为中心，以人为本，服务至上的金融服务。

上海银行范一飞董事长曾感慨说，“以客户为中心的理念，长期以来并没有得到真正的落实”。传统金融是精英化、中心化、神秘化的，制造信息不对称，然后通过利差来赚钱。由于其理财门槛较高等诸多限制，主要是服务于小众群体。

基于互联网精神飞速发展起来的互联网金融，天生就具有服务大众的能力，并且不断对此进行优化，深挖客户的需求点，开创了投资理财的新时代与新未来。

互联网投资理财真正做到了“以人为本”，其实质与互联网精神是一脉相通的。

首先就是投资理财的普惠性，即服务于广大民众的实惠型投资理财。这一点主要体现在互联网投资理财产品种类多、资金限制少、准入门槛低、收益相对较高等方面。普惠与特权相对，投资理财是每一个普通人都能做的事情，而不仅仅是精英阶层的特权。互联网时代的理财产品，应该是真正为每一个大众量身设计的，要放低姿态，迎合所有人的需求。

其次就是开放共享性。互联网时代是一个信息共享时代，大家平时发微博、说说、刷朋友圈等，都是在做一件事——分享，互联网金融同样拥有这种特质。在云计算、大数据等强有力的支撑下，资金供需双方的信息可以得到很好的监视和传播。然后经过后台梳理，形成每个人独有的信息序列，做到供需信息及时对称，打造一个更开放、更透明、共享的投资理财平台。

最后，互联网投资理财的“以人为本”，还体现在能随时随地给用户带来精神上的愉悦。举一个简单的例子，购买过互联网理财产品的人可能都会深有感触，每天看到自己的钱一点一点地“长大”，哪怕只是几块钱，这种参与感带来的小幸福也是溢于言表的。

互联网金融在改变我们投资理财方式的同时，同样也带来了相应的风险。互联网金融进入大众视野之后，像飓风般席卷了中国金融市场。对于其发展的势头与走向，不仅大众看起来有点儿云里雾里，甚至连政府都采取了“让它再刮一会儿”的看客姿态。

互联网金融监管体制目前并不健全，更缺乏法律上的约束。因此，普通民众在参与互联网理财时，还要有风险防范意识，切记投资界那句名言——“投资需谨慎”。

冷静看待如今互联网金融的迅猛发展之势，互联网理财产品带来的暂时性低风险和高收益并不是其存在的价值所在。当然，这里并不否定理财的本质就是让资本创造更大的价值，而是具有互联网精神的互联网金融对传统金融的冲击与其引发的金融风暴，以及真正服务大众的、以人为本的意识，这比短暂的高收益更值得我们欢欣鼓舞。

第二章
互联网投资
不只是赶时髦

互联网金融时代发展起来的各种互联网投资理财方式，不是简单地跟风赶时髦，而是要做到百花齐放，推陈出新。与传统投资方式相比，无论是投资项目、投资工具，还是投资环境与投资理念，均有颠覆性的改变。

1. 投资项目变革：多样性、创意化

互联网金融的发展，一步步刷新着我们对投资理财的认识。首先抓住我们眼球的是各种各样的互联网投资理财产品。它们的出现，不仅丰富了传统投资理财项目，而且这些项目迸发出来的多样性与创意化，更是让我们耳目一新，应接不暇。这里就互联网投资理财项目的两个特点来具体说明这种变革。

● 多样性

与传统投资理财项目相比，互联网投资理财项目的确更加丰富多彩，多种多样。

以前，要是想做投资理财，最简单也是最保守的方式就是银行储蓄。如果资产有余或者“嫌弃”银行太“小气”，还可以炒股票、买基金、买房产或者买黄金。除了这些投资项目以外，我们的钱真的没有别的出路，只能乖乖地躺在钱包里了。

随着互联网金融的发展，出现了更加多样化的投资理财项目，让我们有了更多的选择空间，同时也让钱包里的钱有了更大的升值空间。

那么，互联网金融时代，有哪些可供选择的多样化投资理财项目呢？首先就是以余额宝为首的各种“宝宝”们，比如苏宁易购推出的零钱宝，天天基金推出的活期宝，同花顺推出的收益宝。

这些“宝宝”类理财产品以收益较高、门槛较低等特点深受大众喜爱，不仅可以当作持有基金以增加收益，还可以直接参与网上支付，轻松实现网上购物。比如余额宝与淘宝网挂钩，可以实现淘宝购物，零钱宝与苏宁易购挂钩，可以在苏宁易购进行网上支付。另外，微信的理财通、百度的百发、华夏基金的活期通等理财产品，也可以划分为“宝宝”类产品。

其次，如果你想创办小微企业，但苦于没有融资平台，或者“宝宝”类产品的收益不能满足你追逐利益最大化的愿望，那么互联网金融还有其他投资项目供你选择。比如 P2P 网贷平台、众筹平台、票据理财，甚至还有可以疯狂升值的虚拟货币——比特币。这些平台拥有相对较高的风险，但是相应地也拥有你梦想的高收益。

● 创意化

互联网投资理财项目的创意化主要体现在以下方面。

首先是技术创意。

互联网理财产品依托最前沿的互联网技术，首创了一套集支付、收益、资金周转于一体的投资理财平台。线上与线下直接对话，剔除中间环节，实现了完全“脱媒”的状态。这种创新使得线上线下具有较高的流动性，同时也间接地降低了成本，提高了收益。

其次是传播方式的创新。

绝大多数理财平台并不是专业的金融公司推出的，而是依托大型社交网站或者有影响力的其他网站，比如微信的理财通、百度的百发等。这些网站能够将自己的理财产品迅速地与庞大用户“亲密接触”，从而让用户了解它，使用它，慢慢地离不开它，最终达到推广普及的目的。这是互联网金融“一夜爆红”的主要原因，也是互联网金融产品“聪明”的地方之一。

互联网金融投资理财项目丰富多彩，创意无限，难免让我们产生迷乱的心情。然而心情再乱，也要保持一颗清醒的头脑，别忘了，你可是行走在金融界的江湖中。

2. 投资工具变革：随时随地玩理财

互联网金融时代，你还在百忙之中抽空去拥挤的银行大厅排队等待办理业务吗？如果是，那么很遗憾，你已经跟不上互联网时代的步伐了。

互联网金融时代的投资理财不需要你到各大银行或者证券公司大厅里焦躁地等待，你只需要拥有一台电脑，或者是一部智能手机，就可以把投资理财握在自己手里，随时随地玩转理财产品。

首先，你得拥有一台可以联网的电脑。所谓互联网时代，就是通过网络把你、我、他紧密地连接在一起，而电脑和智能手机就是连接互联网的终端。互联网理财产品，是放在网络平台上的一种虚拟存在，这与传统的理财工具和呈现方式完全不同。

如果你需要办理投资理财业务，只需要打开电脑或智能手机，选择心仪的理财网站，注册账户（为了保证资产安全，一般都需要实名认证），平台上会有许多供你选择的投资理财项目和产品，你可以根据利率与风险进行权衡，选择所要购买的产品或参与的投资项目。完全不需要你费力劳神地跑到证券市场或者是银行网点，真正做到了随时随地理财。

如果你是“手机依赖者”，喜欢用手机浏览信息，上网聊天，手机已经成为生活中的必需品，那么推荐你一种更便捷的理财工具——理财 APP。互联网金融在移动互联网手机客户端更是别出心裁，推出了各种理财产品的手机 APP。只要我们打开手机，就可以实现对资金的掌控，随时随地玩转投资理财。

这些手机 APP 的出现，无疑给更多的投资理财者带来了福音。使用电脑理财，你还会被局限在办公室或家里，因为你不可能把电脑装进口袋。理财 APP 的出现，真正做到了把理财装进口袋里，不再受时间和空间的局限，使投资理财实现了真正意义上的便捷化。

通过查看手机，就能随时随地掌控你所投资的资金的流向。今天的收益是多少，亏损了多少，APP 上都会有确切的显示，甚至还会有各种利率走势曲线图，为你预估走势提供参考。假如遇到心仪的理财产品，你可以立即下手，做到快、狠、准，绝不会因为在去证券市场的路上堵车而错失获利良机。

互联网投资理财工具就是网络终端和移动网络终端。我们理财真正需要的只是一台电脑或者一部手机，理财活动超越了时间和空间的局限，再也不用奔波在去各种金融机构的路上。理财活动如此便捷，这是十几年前甚至是几年前都不敢想象的事情。

互联网金融时代，给投资理财用户创造了前所未有的便利，可以说是名副其实的“懒人理财”。如果你也想体验互联网理财，最简单的方法就是打开手机，从下载一款理财 APP 开始。

3. 投资环境变革：更公平、更透明

互联网金融发展至今，给传统金融带来的巨大变革压力是我们有目共睹的。

传统金融业给我们的印象大多是高深化、精英化、中心化、专业化，相应的投资环境也比较封闭、狭隘。我们只知道把钱投进去，然而这些钱去了哪儿，自己心里也没有底。互联网金融的发展，在一定程度上解决了这些问题，因为互联网金融致力于让信息更加透明化，使竞争更为公平。

● 更公平

互联网投资理财环境更公平，主要体现在对受众的公平上。以往金融投资的主要受众是资金实力雄厚的大型企业或者是钱包殷实的有钱人，对于一些实力比较弱小的中小企业或者是想要理财的普通民众，传统金融似乎并不将他们放在心上。

这种情况使得投资理财成为部分有钱人的“特权”，传统金融是小众

化而非服务大众的，这就造成了投资环境中的第一个不公平。互联网金融完全摒弃了这种等差，着力满足中小企业和普通大众的投资理财需求，全心全意地为大众服务。

以中小企业融资为例，中小企业尤其是小微企业，由于自身规模小，实力弱，发展中易受到资金不足的困扰，所以需要不间断地进行融资。传统银行对于这些企业存在“抵触心理”，一方面因为小微企业信用度不高，承受风险的能力微弱；另一方面，银行在发展方面始终以做大做强为目标，中小企业显然不是其主要的服务对象。

因此，在传统金融环境中，中小企业显然受到了不公平的对待。这个问题在互联网金融环境下得到了很好的解决。互联网金融避开传统银行面对面的竞争，推出面向普通大众的投资理财方式，主要开展小额贷款，为小微企业的发展提供了宽松的借贷环境，帮助它们融资成长，在一定程度上缓解了中小微企业融资难的问题。比如互联网融资平台 P2P，主要就是通过个人投资解决中小企业的融资难问题。

● 更透明

说起传统金融，大家总是会有一种陌生感。即使你身在金融界，也难免会有“不识庐山真面目”的困惑。造成这种困惑最主要的原因，就是传统金融信息不透明。

互联网金融打破了这种闭塞，一直努力还原金融业的真实面目。在信息化时代，运用互联网技术实现信息透明化，已经不再是一个梦想。正是通过互联网大数据分析等技术，互联网金融让投资环境变得更加透明。

在互联网金融平台上，每个用户的信息和行为，从注册、浏览、申请、交易到支付等环节，都有迹可循。这些记录积累起来，就是用户的信用评估证据，无论以后用户进行融资还是投资，都会起到很好的监控作用。

用户的这些信息一旦生成，是永久性不可逆的。就像淘宝卖家得到的差评一样，是不可消除的。由此可以看出，相对于传统金融来说，互联网金融已经做到了更加透明化。然而，这条路仅仅是刚开始。可以说，未来互联网金融领域几乎不存在信息暗箱，透明是互联网未来发展的出路之一。只有把透明做到极致，才能实现更美丽的蜕变。

互联网金融提供的投资理财环境更透明，更公平，这不仅仅是相较于传统金融而言，更是互联网金融不懈的追求结果。相信在未来的金融市场，没有最透明，最公平，只有更透明，更公平！

4. 投资理念变革：回归理财本质

互联网金融的诞生，使投资理财从服务少数人转为服务普通大众，我们也切实感受到了投资理财带来的“甜蜜”。然而，在这个人人都可以投资理财的时代，你有没有想过投资理财的本质是什么？对于大部分人来说，第一个答案恐怕就是：让钱生钱！

赚钱，这就是理财的本质吗？当然，我们之所以会选择投资理财，出发点肯定都是为了赚钱，但是投资理财的本质绝不仅仅是盲目地追求利益本身，让自己的财富实现稳定增值，才是理财的本质所在。

● 稳定

稳定主要是针对投资理财的风险控制方面。

任何投资理财产品，先撇开高收益、高风险的产品不说，就是被国人认为最安全的收益极低的银行存款，也无法回避通货膨胀导致的财富缩水，甚至也回避不了银行因经营不善倒闭的风险，更不用说其他理财产品了。

这种让人看不见摸不着，但是又确实存在的风险，时刻提醒我们要保持理性，认清投资理财的本质，树立能够保证资产稳定增值的理财观念。

互联网金融投资理财观念，就是建立在稳定的基础之上。相关机构推出来的投资理财产品，在风险和信用评估方面做了层层把关，收益平均水平与传统理财产品相比会略高一筹，但也不会出现像股票投资那样“过山车”似的令人胆战心惊的涨跌。

传统投资理财产品的出发点也是以稳定增收为主要目标，尤其是以银行储蓄、货币基金、债券为主的理财产品。即使收益让人不乐观，但还是能够使资金增长稳定在一个可以接受的范围之内。

随着以股票期货为代表的理财产品的产生与发展，让投资理财的本质发生了颠覆性的改变，投资理财走向了盲目的极端化。比如周期性的牛市再现，让许多股民盲目跟风，甚至以前从未涉足股市的普通大众也纷纷开始炒股，争先恐后地争夺牛市带来的“福利”。这种盲目投资是违背投资理财的本质理念的，只看到了收益，却忽视了收益虚高背后的风险，结果可能遭遇熊市大跌的“滑铁卢”。

● 增值

为何要投资理财，目的就是要实现利益的最大化。但是由于潜在风险的存在，我们的投资理念中还是要有一个清醒的认识，就是在收益与稳定的多重权衡下选择理财产品。当然，如果在风险相当的前提下，还是要选择高收益的产品。

增收保值是互联网金融带给我们的福利之一。与传统理财产品相比，互联网金融推出的投资理财产品因为拥有较合理的收益，因此成功抓住了大众的心，让人们把钱从银行里取出来，投资到更广阔、收益更合理的互联网金融理财产品之中。

传统投资理财产品的收益都不高，比如银行存款的定期利率只有3%左右，各种债券的收益也不能满足投资者的需求。只有涨跌存在一定风险性的股票有时收益可观，但是一旦大跌，损失也相当惨重。

互联网投资理财再次击败传统的投资方式，在风险可控情况下，其平均收益水平至少要高于银行定期存款3%的收益率，并且各种各样的理财产品收益也相当可观，如果能够谨慎专业地进行投资，10%左右的收益完全可以实现。互联网投资理财若保证了资金不缩水，让利益最大化，则践行了投资理财的本质观念。

稳定与增值，两者单独来看，均不能体现投资理财的本质。唯有两者合璧，才是理财的本质与目的所在。互联网金融时代的投资理财平台，让用户体会到了两者兼得的满足感，同时也打破了一夜暴富的妄想，在一定程度上帮助用户树立了正确的投资理财观念。

Part2

互联网投资理财实战攻略

第三章
互联网“宝宝”
安全快捷的理财工具

近年来，以余额宝为首的“宝宝”类理财产品，掀起了互联网投资理财的大幕。可以说，国内的互联网投资理财是随着“宝宝”们的脚步到来的。那么，“宝宝类”产品为何能够开启互联网投资理财的大门，它们的创新之处到底何在呢？下面就一起走进“宝宝类”投资理财产品，探索它们的奥秘。

1.“宝宝”大军袭来，大众理财新渠道

从2013年开始，互联网“涉足”金融界，掀起了一场名为互联网金融的风暴。在这种时代背景下应运而生的“宝宝”大军席卷了金融界，它们依托独特的“大爱无私”的普惠性和灵活多变的流动性，迅速在民众之间走红，成为新生代的投资理财明星，开辟了大众理财的新渠道。

● 第三方机构掀起互联网金融热潮

站在“宝宝”们背后的强大机构，才是这场风暴的真正制造者，那么它们都是谁呢？阿里巴巴、腾讯、百度、京东等第三方机构，才是站在“宝宝”背后的强大后台，“宝宝”类产品其实是这些大型互联网公司进军金融业的产物。

首先来了解一下什么是第三方支付机构。

第三方支付机构是相对于买家和卖家来说的第三方。买家和卖家在进行交易时，不是“一手交钱一手交货”，而是买家先把钱交给第三方保管，

然后卖家发货；买家确认收货后，第三方机构才把买家支付的钱转到卖家账户里。

支付宝就是典型的第三方支付机构，有过淘宝购物经历的读者，应该十分了解这种支付模式。我们在淘宝上买“宝贝”时，实际上是把钱打给了支付宝。当你收到货后，点击确认收货，那么之前支付的钱就会经由支付宝转到卖家账户。如果你忘记点击确认收货，支付宝将会在 7 天之后由系统自动把钱转给卖家。这种由第三方做中介平台的支付系统，能最大限度地保证平台的交易安全。

第三方支付系统是如何与投资理财扯上关系，掀起互联网金融热潮的呢？这与互联网巨头之一的阿里巴巴集团息息相关。

阿里巴巴董事长马云曾经说过，“如果银行不改变，我们就改变银行”。几年前，我们还无法相信马云有如此神力，那时的阿里巴巴集团还只是互联网领域的一个小型电商企业，对传统金融领域显然并没有什么影响力。然而，随着时间的推移，阿里巴巴集团成为互联网金融的缔造者与引领者。

马云并不是经济学家，也不懂什么投资理财，但是他最大的优势就是拥有最大的互联网电商公司，像淘宝、支付宝这类平台，每天都会有数以万计的用户进行上百万乃至上千万元的金钱交易行为，每年的双十一抢购潮，能够取得数十亿甚至近千亿金额，就是其实力的真实写照。

第三方平台拥有大量用户和大量资金，做起金融来自然有得天独厚的优势。2013 年，支付宝推出了一个震惊金融界的新事物——余额宝。余额宝的诞生，标志着互联网投资理财在国内诞生。随着各种“宝宝”的兴起，互联网金融的第一波热潮在国内迅速刮了起来。

余额宝是支付宝推出的理财产品，凭借低门槛、高收益等特点，迅速成为大众争相投资的对象。余额宝之所以会掀起投资理财热潮，与其自身的优势密不可分。但是淘宝网强大的客户群，也为它的迅速推广奠定了用户基础。

作为第三方机构，以阿里集团为首的互联网金融参与者，并不是真正意义上的专业投资理财公司，它们通过与专业的基金公司合作，联手推出线上理财产品，利用自己原有网站的知名度与基金公司的专业性，共同掀起了互联网投资理财的热潮。

同时，他们也成为传统金融的“搅局者”，极大地冲击了原有的金融模式，甚至倒逼传统银行告别“躺着赚钱”的时代，改变原有的经营模式，思考未来的出路何在。这其实也是马云创造余额宝的价值体现之一。

●“宝宝”理财，接地气的理财方式

有钱不必存银行，而是装进“宝宝”里；聚餐不用付现金，支付宝轻松结算；看电影购买娱乐宝，理财娱乐两不误。零花钱存进余额宝，每天随时随地查看收益，甚至在睡梦里钱都在一分一厘地上涨，这该是怎样的欣喜！“宝宝”们的到来实现了我们的美梦，甚至这个梦已经深入到我们生活中的方方面面。

“宝宝”类理财产品的出现，最大的意义不在于它比传统投资理财产品收益高出多少，而是在于它运用现代的互联网技术，革新了投资理财方式，使投资理财变得更加便捷。互联网技术在国内发展了二十年，与金融接轨是最近几年才开始的，“宝宝”类产品就是互联网技术与金融界碰撞相结合产生的第一批神奇宝贝。这不得不说是一种极大的创新，有值得肯定之处。

然而“宝宝”类产品的价值远不止于此，还在于它成功打破了传统投资理财产品只为特定人群服务的高门槛，让投资理财抛开“高冷”的姿态，走下“神坛”，走向普通大众。在人们的传统观念里，理财是有钱人的事。首先，理财要有财可理；其次，理财领域博大精深，不是随随便便每一个人就能够把握的一项技术活儿。如此一来，投资理财就成了一部分人的特权，只有看似很专业很有钱的精英阶层才能进行理财。

互联网金融时代，“宝宝”类产品作为一种存取资金快速、便捷的理财方式，却没有传统理财产品的“傲娇”之气，0 元起投的最低门槛，T+0 模式的存取效率，高出银行存款的收益率，还有依托电商平台购物理财两不误的便捷，使得“宝宝”们刚出世就赢得了大众的欢心与喜爱。

“宝宝”们让投资理财与我们的距离不再遥不可及。草根阶级压抑沉睡的理财意识被“宝宝”们唤醒，全民理财时代真正到来了。可以说，“宝宝”类产品是国内金融界从古至今出现的最接地气的理财方式。

“宝宝”大军的势不可挡，是完全可以预料的结果。大众理财从此不再局限于线下的纯人工操作，一种全新的理财渠道在互联网平台上隆重登场。

2. 多方抢滩，“宝宝”类产品大比拼

2013年6月，余额宝横空出世，带给我们的除了高收益，还有“高”惊叹。在我们惊叹声中，各种“宝宝”类产品已经顾不上我们的反应能力，迫不及待地如雨后春笋般生长壮大，争抢互联网金融的一席之地。

为了不让投资者眼花缭乱，下面对这些“宝宝”进行分门别类的介绍。

● **互联网系：便捷化，多样化**

首先是以余额宝为首的互联网系“宝宝”们。这类“宝宝”主要由大型互联网公司携手基金公司共同打造，借助互联网公司庞大的用户资源，迅速实现金融理财产品的广泛推广，第一时间赢得巨大的市场份额。比如微信的理财通，就是腾讯公司与华夏基金合作的理财产品，余额宝则是阿里巴巴集团与天弘基金联合推出的理财产品。

这类产品以其便捷化、多样化的显著特点，从一开始便俘获了众多客户。

便捷化主要体现在存取不受时间限制，T+0赎回模式，可以随时进行资

金调动。平台收到转账和提现请求后，在工作时段内，两小时就会完成操作，实际上只需要半小时即可实现资金转移。

另一方面，此类"宝宝"可以绑定储蓄卡实现快捷支付，并且跨行转账也不需要收取任何手续费，真正实现便民服务，为民着想。而且，类似余额宝的产品大都与网上商城直接挂钩，可以轻松实现网上购物和支付，方便消费，做到了既能时刻增值，又能随时购物的两全之策。

多样化主要体现在互联网系的"宝宝"产品种类丰富多样，占领的市场份额巨大。据 BDR 发布的《2015 年 5 月"宝宝"理财产品市场研究报告》显示，在中国的"宝宝"产品四大品类中，互联网系"宝宝"的规模最大，占总资产 1.79 万亿元的 58.2%。互联网"宝宝"数量之多，也是其他"宝宝"类产品无法比拟的，这也从侧面说明互联网"宝宝"的明显优势，最受大众喜爱。

● 银行系：正规、专业、安全

随着各种互联网"宝宝"类产品的出现，普通大众纷纷把存在银行里的钱转移到各种"宝宝"里，传统银行遭遇存款"搬家"的困扰。为了挽回"飞"走的资金，传统银行也不甘示弱，顺应时代潮流，推出了各种具有银行特色的"宝宝"类产品。

银行推出"宝宝"类理财产品，印证了银行"躺着赚钱"的时代一去不复返。银行业深刻感受到了互联网金融的冲击。虽然目前传统银行业还没有出现较大的危机，但是已经让各大银行坐立不安了，因此它们也开始积极地行动起来。

多家银行纷纷上线了各种直销产品，如民生银行的如意宝、中国银行的活期宝、工商银行的现金宝等。这些产品的载体既有电脑终端，也有移动互联网终端；不仅技术上紧跟互联网系的"宝宝"们，收益和便捷方面也不落后于它们。

银行系的“宝宝”们有天生的优势，在正规、专业、安全等方面遥遥领先于其他系的“宝宝”们。毕竟，银行是专业的金融机构，比一些半路出家转行金融业的互联网公司更具有权威性。另外，传统银行拥有悠久的发展历史，积累了多年的信用能够给予用户安全感，让用户更加信赖，从而吸引了很多客户。

● 基金系：超高流动性

互联网系“宝宝”与银行系“宝宝”的实质都是货币基金，它们抢占的其实是基金行业的“饭碗”。在互联网系“宝宝”与银行系“宝宝”们抢占市场份额的同时，基金系“宝宝”也不甘示弱，凭借其多年管理基金的本领，很快瓜分到了互联网金融的“一杯羹”。

使基金系“宝宝”快速脱颖而出的优点，就是具有超高的流动性。对于刚刚进入投资理财队伍的新手来说，除了关心收益外，最重要的还有资金能否足额、及时到账等流动性问题。

资金流动性强弱，也从侧面反映了产品的安全性。安全性越高的产品，资金流动性越强。这和一些不靠谱的理财产品，如投资期限长、投资后几乎冻结投资者资金形成鲜明的对比。一般资金流动性差的产品，都存在某些潜在隐患。比如，融资者很有可能拿投资者的资金去做更冒险、收益更高的投资项目，因此自然没有足够的时间及时处理投资者提出的资金赎回请求。

投资期限到期后，能否及时提出现金，遇到急需用钱的情况时能否足额提款等，都是新手选择“宝宝”类理财产品应该注意的事项。

基金系“宝宝”在这方面做到了略胜其他“宝宝”一筹。目前，许多基金系“宝宝”们推出货币基金T＋0快速提现业务，支持高额取款，实时到账，让用户体验了更快速的资金流动性。这种快速的资金赎回能力，是其他系“宝宝”产品无法比拟的，也给投资者吃下了一颗“定心丸”。

例如，融通现金宝、汇添富现金宝、富国天天理财宝等基金系“宝宝”，均承诺“一秒赎回”，这种超高的资金流动性，无疑大大解除了用户的后顾之忧。

● 保险系：高收益、高风险

相对于前三类“宝宝”，保险系“宝宝”可以算是后起之秀。保险公司最主要的业务是提供各类保险业务，而不是提供“宝宝”类产品。但是由于“宝宝”类产品火爆，大众普遍喜爱，因此许多保险公司也推出了“宝宝”类产品。

相较于其他类“宝宝”，保险系“宝宝”有哪些优势和不足呢?

保险系“宝宝”最大的优势，在于它相对较高的收益。比如珠江人寿推出的“安赢一号”理财产品，预计收益率6.9%；弘康人寿推出的互联网理财产品，收益率高达7%。也正是如此高的收益，让许多投资者心动不已，纷纷转战保险系“宝宝”的购买大潮之中。

高收益的背后也暗藏着高风险。保险系“宝宝”们预期的年化收益率，仅仅只是预期而已，最终能否实现，还要视资金运营的实际情况而定。

这里我们要了解何为预期年化收益率。预期年化收益率是相对于实际年化收益率来说的。预期只是一个估值，具体的收益会根据市场的变化而发生变化。因此，即使预期年化收益再高，其可信度也要等待市场的检验。

调查数据显示，万能险的平均年化收益率在4%~5%之间。看到这条消息，投资者就应该清醒地认识到，预期年化收益并不能作为实际收益来看待。

另外，购买这类产品的资金不能自由赎回，资金流动性较差。虽然这类产品大多都有附加的保险价值，但是相较于前三类，投资风险还是极大地增加了，这也是高收益背景下必然面对的结果之一。

互联网金融时代的“宝宝”们，具体可以分为以上四大类。作为投资者，应该根据自己的实际情况和现实需要，在了解了它们各自的特点之后，有目的地选择适合自己的“宝宝”类产品。

3.“宝宝”迷人眼，理财产品如何选

面对种类众多的“宝宝”类市场，该如何选择理财产品呢？建议从以下几个方面考虑。

● 优先选择开展活动的产品

通常情况下，“宝宝”类产品在刚推出阶段，会开展各种优惠活动，在收益率、流动性、安全保障等方面，均会比稳定之后购买更有利。

在开展推广活动时，机构最注重的不是“宝宝”类产品的盈利高低，甚至甘愿大把“烧钱”，让自己处于亏损的状态，其目的就是为了让大众能够快速了解并接受公司刚推出的新产品。各种优惠活动也是集中在产品刚发布之时推出，以便给新产品的推广增加吸引力。

例如，2013 年余额宝刚上线的前几个月，七日年化收益率甚至突破了 7%。如今余额宝的收益率一路下跌，甚至进入了“3 时代”和“2 时代”，令许多“宝粉”纷纷倒戈，寻求其他收益更高的理财方式。以后的余额宝，

可能会一直维持在这种比较平稳的收益水平上，这是一种明显的趋势。刚开始的高收益只是为了宣传造势，类似商场打折促销活动。赢得了顾客的围观之后，势头自然会逐渐消退下去。

另外，一些银行系“宝宝”也会不间断地推出新产品与优惠活动。比如，平安银行推出的一款名为“平安盈”的“宝宝”类产品，承诺 T+0 资金实时转出，无存款门槛，而且收益率是活期存款的许多倍。之后各大银行纷纷推出的各种“宝宝”们，如兴业银行的“掌柜钱包”，民生银行的“如意宝”等，均开展了许多优惠活动，让提前投资的大众感觉到“物超所值”。

但是，相关人员透露，银行这些“宝宝”类产品，除非投资者主动投资，否则银行工作人员不愿意主动推介它。原因在于推出这种“宝宝”类产品，大多是迫于互联网金融迅猛攻势的无奈之举，是向利率市场化“心不甘情不愿”的低头示好。此时的银行“愿意”向普通大众“砸钱”，用高昂的代价挽回逐渐流失的客户群。如果能买到这类刚推出或者开展优惠活动的产品，算是你比较幸运。

总之，无论金融公司出于何种目的推出各类优惠活动，烧钱造势也好，拉拢更多的顾客也好，只要你能在该产品开展活动时抓住投资机遇，一定会比后来者赚取更多的收益。金融公司之间的竞争越激烈，作为投资者的我们受益就越多。

● 便利至上，选择提现较快的产品

市场上充斥着很多种“宝宝”，不同的“宝宝”提现方式也各不相同。在选择“宝宝”类理财产品时，要特别注意资金赎回的实时性与便捷性。

投资理财最敏感的话题，就是资金的安全问题，而资金的提现速度与安全因素息息相关。作为投资者，最厌烦的莫过于在急需提现时，金融平台一再拖延，或者是到了兑付期限不能及时兑付。不能及时兑付，并不是最可

怕的后果，最可怕的是有些不靠谱的公司到最后携款潜逃，投资者根本无处兑付。

提现的速度是衡量一个产品安全性与实用性的重要标尺。投资者在选择产品时，可以通过咨询客服人员，或者浏览产品具体信息，了解产品的提现速度如何。提现速度过慢，或者在提现期限到期之后不能保证兑付的产品，要果断抛弃。

当然，与传统理财方式相比，互联网金融在资金周转的流动性等方面要高效得多，有的产品甚至保证 T+0 赎回模式，保证 24 小时之内就能够成功提现。传统理财产品的提现不仅流程繁琐，等待的时间最少也要三天左右，这一点令许多投资者抱怨不已。

互联网金融中的“宝宝”类产品，在提现速度上明显优越于传统理财产品。但是各类“宝宝”之间也存在激烈的竞争，大家相互比拼，争相打造“只有更快，没有最快”的兑付速度。在选择互联网投资理财产品时，要优中选优，权衡多种产品之后，再选择适合自己的产品。

在决定投资理财产品时，还要具体了解不同取现金额有没有到账时间的限制，每天的最高取现金额是多少，到账时间最快是多久，以防需要大额资金时不能及时提现。

● 寻找阶段性收益高的产品

投资的最终目的是要让自己的资产保值增值，也就是实现收益的最大化。在选择投资互联网理财产品时，要有灵活多变的思维，尽量不要让钱集中在一处，而是要分散投资，寻找阶段性收益较高的产品。

所谓阶段性收益，是指产品在某个阶段的收益情况。互联网投资理财产品的收益率具有很强的灵活多变性，收益率非常不稳定，这和传统银行定期利率有所不同。如果你在银行存三年的定期存款利率为 3%，那么三年内无论物价如何上涨，金融界如何变化，银行都会保证你 3% 的利息收益，不会出现随意降低利率的情况。

互联网金融机构推出的“宝宝”类产品则有所不同。余额宝每天的收益率都在变化，涨跌幅度令人难以捉摸。如果要选择阶段性收益较高的产品，这时就需要了解“宝宝”的七日年化收益率。

所谓七日年化收益，其实就是指该产品最近七日内的平均收益水平进行年化以后得出的数据。“宝宝”类产品的实质是货币基金，因此每天收益率涨落都是很正常的现象。另外，这些产品的收益率大部分以七日年化收益率来衡量，每天的收益率波动不会影响总体收益率。

因此，在投资互联网理财产品时，需要研究该产品的七日年化收益率，这样才能对该“宝宝”的收益情况有全面的了解。了解了七日年化收益率之后，你选中的“宝宝”的稳定性与安全性也就显而易见，收益率自然也不会让你失望。

今后的基金市场，被各种“宝宝”们占领只是时间问题。学会选择各类“宝宝”，是投资理财必需的技能。以上三点建议，希望在你产生理财迷茫时有所启发。

4. 投资“宝宝”类产品，如何操作

“宝宝”大军袭来，带着收益丰厚的“诱惑”。投资者要想投资“宝宝”类产品，首先要学会如何操作此类产品。“宝宝”类产品到底如何使用，如何开通理财账户，怎样实现购买和资金赎回等功能？下面就实操演练一下。

● 开立理财账户

这里以收益比较高的百度百赚利滚利为例进行讲解。

步骤一，在电脑搜索栏输入关键词“百度金融”。

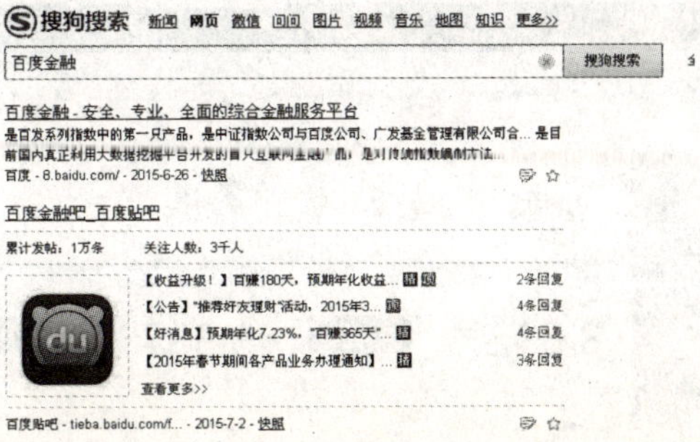

图 3-4-1

步骤二，进入百度金融首页，点击“登录我的小金库”，选择“注册”。

图 3-4-2

步骤三，填写相关信息，注册一个百度账号。

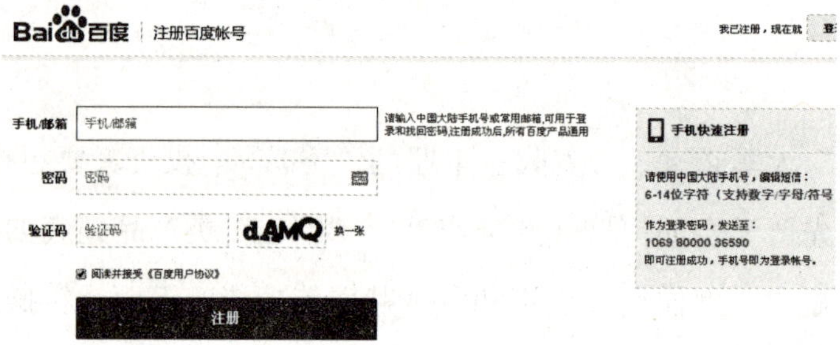

图 3-4-3

步骤四，注册成功之后，登录账号，点击百度百赚利滚利的“立即投钱”，进入实名信息认证页面。

图 3-4-4

步骤五，填写实名信息，开始认证。

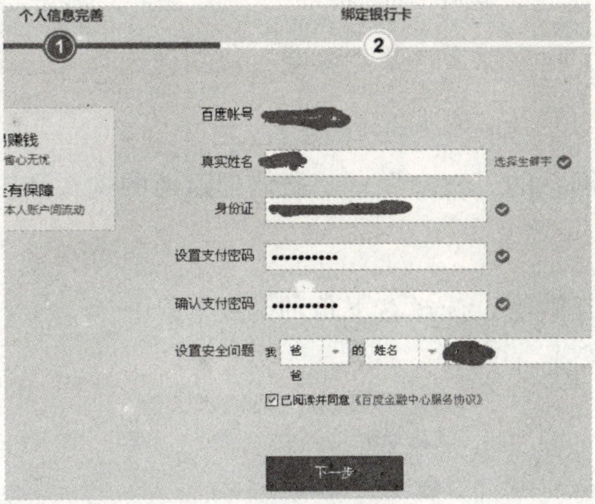

图 3-4-5

步骤六，完成身份认证之后，就可以进行“投钱”“收钱”等操作了。

图 3-4-6

以上是百度百赚利滚利的开户方法。此类投资理财产品在注册账号后，一般都要进行实名认证，这主要是为了维护平台的安全环境。绑定银行卡，则是实现线上支付行为的必要步骤。

● 各系“宝宝”的购买及提现方法

注册了理财账户，选中自己看好的“宝宝”，你是不是已经迫不及待地想要投资理财了呢？那么各系“宝宝”该如何购买呢？购买之后，我们最担心的提现又是如何操作的呢？

下面以互联网系的“宝宝”——微信理财通的购买和提现操作为例进行讲解。

步骤一，打开微信，选择右下角的“我”。

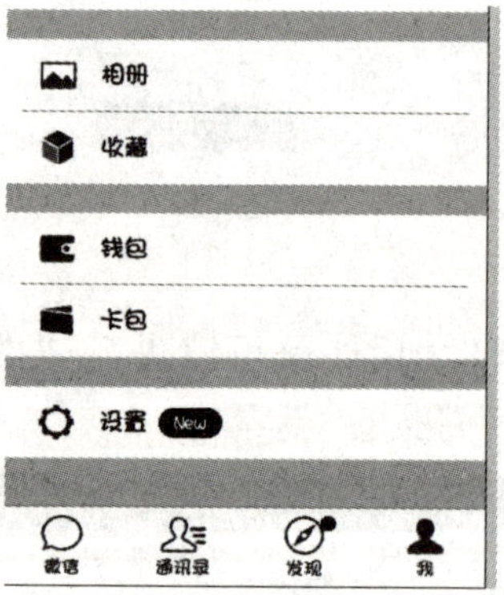

图 3-4-7

步骤二，点击“钱包”选项。

图 3-4-8

步骤三，进入“钱包”页面后，找到并打开“理财通”。

图 3-4-9

步骤四，进入理财通主页，点击“查看更多理财产品”，就可以查看多种产品了。

图 3-4-10

步骤五，选中心仪的产品后，点击“买入”，就会进入买入界面。

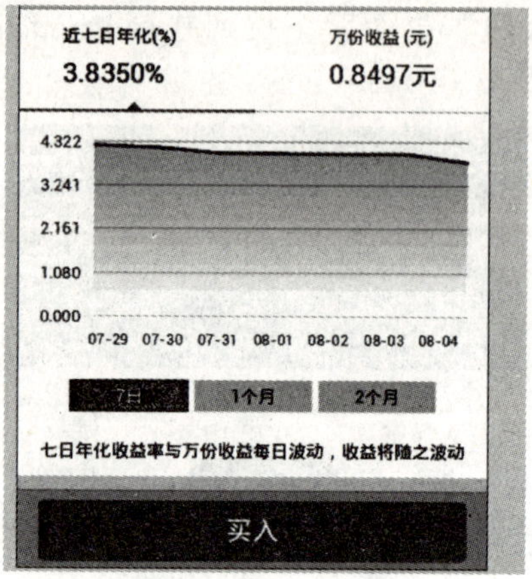

图 3-4-11

步骤六，输入你要买入的金额，然后点击“立即买入”，就完成了理财通产品的购买全过程。

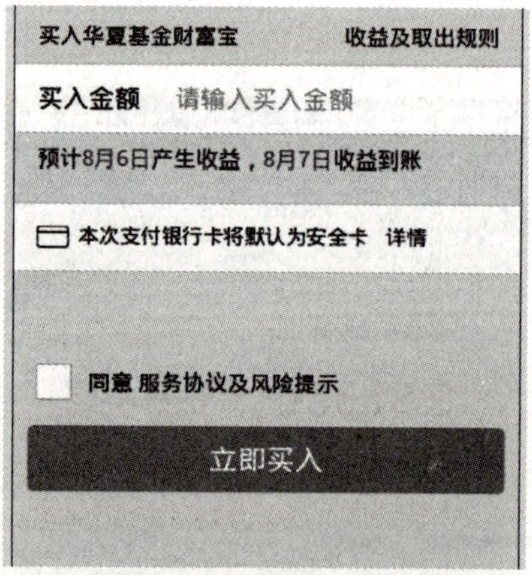

图 3-4-12

以上是买入理财通产品的方法。那么买入之后如何进行提现呢？请看以下步骤。

步骤一，首先，打开微信，找到“我的银行卡”，点击进入。

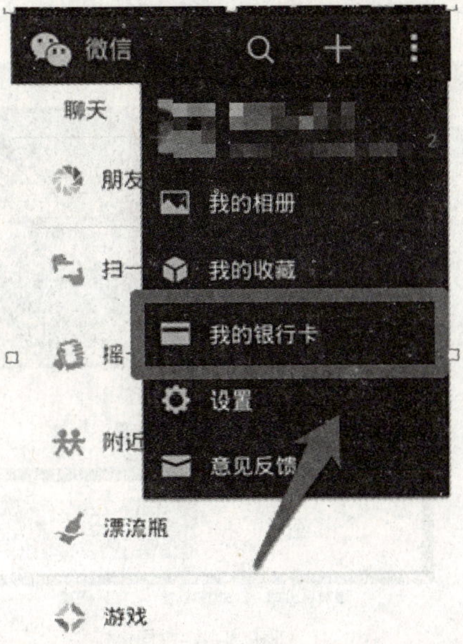

图 3-4-13

步骤二，找到“理财通”并打开页面。

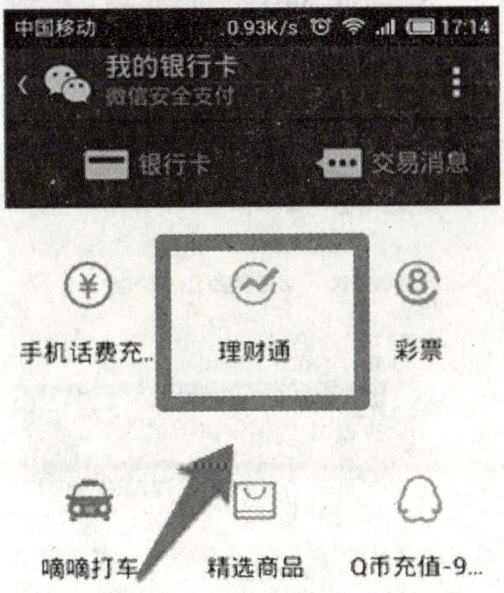

图 3-4-14

步骤三，进入页面后，选择“赎回”并打开。

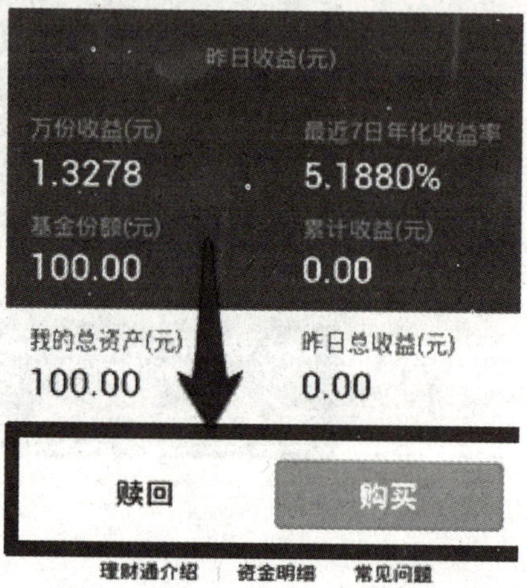

图 3-4-15

步骤四，输入赎回金额后，选择“赎回”。

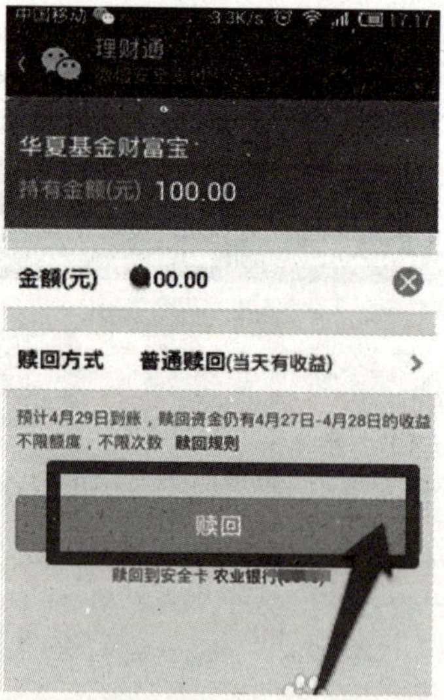

图 3-4-16

（5）紧接着你会收到手机验证码，输入后点击“确认赎回”，完成操作。

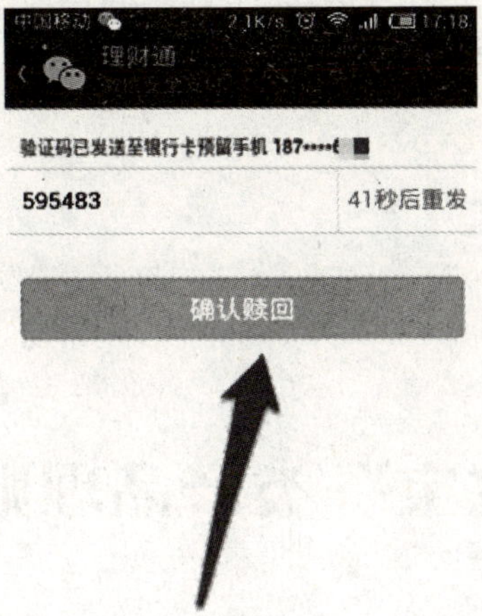

图 3-4-17

以上是以互联网系的理财通购买流程，具体介绍了买入理财通和赎回理财通的实际操作过程。整个操作过程十分简单便捷，完全可以在手机客户端实时操作，你学会了吗？

其实购买和提现各系“宝宝”产品，前提均是要注册账户。登录之后，就会看到主页面有各种基金产品的介绍。根据自己的实际情况，详细了解并慎重选择产品后，再进行购买。

5.“宝宝”类产品理财技巧

通过前面的介绍，你是不是已经跃跃欲试，想要立刻买个“宝宝”，开启投资理财生活呢？别着急，投资理财需要本金，更需要技巧。掌握了投资理财技巧，可以让你轻松实现投资理财，少走弯路，事半功倍。

● **关注投资流向，钱去了哪里**

按照传统方式购买基金，我们所能看到的只是一连串的数字涨跌，却无法通过更多的信息来预测基金的走势。把钱投给某基金公司后，基金公司用这些钱做了什么事，流向了哪些领域等，这些信息都是不透明的，也是不可知的。资金流转不透明，是我们无法预测基金走势的原因之一。

资金流向是每个投资者都关心的问题，即使再安全的投资平台，也不能让投资者完全放心。投资者需要也有权利知道自己投入的资金用到了哪里，但传统金融显然对投资者的这种需求视而不见，在资金流向信息披露方面，一直是“讳莫如深”。

互联网金融下的“宝宝”类基金产品，几乎做到了资金走向的公开透明。互联网金融是基于网络技术发展起来的新型金融模式，网络的特点之一就是信息的流动性与分享性。“宝宝”类产品依托的网络平台，为用户提供了更加自由的信息分享与披露空间。

在出售“宝宝”类产品的金融平台上，登录自己的账号，就可以找到你所购买的产品。点击你所投资的产品，里面会有融资方的介绍，融资后这些资金用于哪些领域，以及资金流向何处等，都有详细的介绍。

另外，融资成功之后，资金实际的用途与变化，平台也都有披露。如果平台没有及时更新，你还可以与相关负责人沟通，了解资金的走向变化。

信息公开透明是互联网金融带给我们的便利，也是投资理财的新契机。我们可以根据融资方提供的资金投向，判断这只基金值不值得长期投入，有没有投资价值。比如前些年房地产行业十分火热，如果基金公司筹集的钱流向了这些热门产业，那么我们可以考虑多放点钱进去，保证一定时间内的高收益。如果在房地产行业低迷期还有基金向该领域投资，那么我们就可以考虑把我们的钱搬家了。

● 复利投资，最大化地实现时间价值

所谓复利投资，简单地说，就是你所购买的“宝宝”类产品是“利滚利”的收益模式。举个最简单的例子，余额宝就是复利投资的典型代表。假如你投进去 100 元，一天之后本息相加为 100.1 元，那么第二天就是在 100.1 元的基础上继续涨息。如此循环往复地增加本金与利息的投资模式，就是复利模式。

复利模式的优点在于最大化地利用了时间的价值，可以说每分每秒你的资金都在升值状态。这与一些“一锤定音”的产品相比，当然就有了很多的优势。比如，某银行理财产品的利率为 5%，投资期限为 3 个月，你的投

资金额为100元，那么这3个月中，你的利息都是5%，不会有更大的升值空间。而如果是复利模式，虽然5%的利率不变，但你的本金是在不断上涨的，3个月后拿到的收益一定比前者多。

另外，复利模式的产品往往有较强的灵活性，资金流动快速，对投资期限不做严格限制。这一点也是吸引广大投资者的重要原因之一。

在收益率相等的情况下，选择复利模式的产品当然是明智之举。然而，复利模式的产品往往不能保证其产品收益率的稳定性。比如余额宝的收益率每天都在变化，虽然该产品是复利，但是和刚买入时的高收益率已经没法相提并论。一些定期投资理财产品，收益率则是固定不变的，不用担心突然下跌的情况发生。

复利投资能最大化地实现时间价值，但是也要在能够把握收益率的前提下谨慎选择，“投涨不投跌”是永恒的定律。

● 关注货币市场，预测最新行情

我们知道，互联网金融下的“宝宝”类产品，实质上还是货币基金产品，只是通过互联网技术的包装，在流动性、透明化等方面对传统基金进行了优化。

由于其实质没有改变，因此，货币市场有什么风吹草动，“宝宝”们的收益率也会有相应的波动。要想轻松玩转“宝宝”类产品，实现资产升值，就需要时刻关注货币市场，及时了解国家的一些货币政策调整以及国内国际金融市场的动向，以此来预测货币基金的走向，这样才能选择最佳的理财产品。

例如，央行采取一系列降息举措，对“宝宝”们的发展就有很大的影响。由于银行利率下降，大量资金就会从储蓄机构“搬家出门”，更多地流向货币基金或债券市场。因此货币基金市场就会迎来大批的购买资金，债券价格也会相应地提高，这有利于债券市场的发展。如果你能及时关注货币市场的变化，就能抢占最佳的投资时机，合理转移投资项目，实现资产的合理配置。

● 资金新规划，别让钱躺着不动

我们知道，如今的金融市场上充盈着各种“宝宝”。各种“宝宝”产品旗下还有众多的投资理财项目，可谓让人眼花缭乱。“宝宝”们推出的产品越多，对投资者来说就越有利，因为大家有了更多的选择空间。哪类产品能给我们提供最大的收益，就可以及时选择购买此类产品。

在市场利率化的推动下，理财产品越来越丰富多彩，这是互联网时代给予我们的投资理财机会。那么我们应该如何抓住呢？当然是要改变传统的理财观念，制定多样的理财计划，不能让资金都躺在一个篮子里，而是要让“钱”活起来，寻求收益最大化。

要实现收益最大化，我们还需要对“宝宝”市场保持长期紧密的关注，及时了解新出炉的投资项目，准确把握市场利率变化。一旦发现“潜力股”，要果断出击，挪动沉睡的资金，让钱活起来，去创造更大的价值。

第四章
票据理财
低风险高收益的“新宠儿”

票据理财是互联网金融十分“靠谱”的理财模式，它的“稳重”“多金”，让众多投资者对其青睐有加，愿意把钱交给它保管。然而，票据理财“挑三拣四”“先入为主”的姿态，又让许多投资者望洋兴叹。

1. 票据理财，投资市场“搅局者”

对于大部分投资者来说，票据理财并不是新鲜的词语，也不是互联网金融的首创。从广义上来看，国家发行的债券和各大上市公司的股票，都属于票据理财的范畴。然而，互联网金融做票据理财，则是前所未有的创新之举。近年来，票据理财进军互联网市场，凭借其自身的优势，受到了投资者的普遍欢迎，也成为投资理财领域的一个“搅局者”。

● 票据理财，突然“走红”的理财方式

2013 年以来，以余额宝为首的“宝宝”们占尽了互联网金融的风头，让投资者应接不暇，同时也大开眼界。然而，自 2014 年以来，受央行降息的影响，“宝宝”们风光不再，甚至出现了收益率集体跳水的“悲壮”景象。“宝宝”们的高利率神话破灭，从“7 时代”直逼“4 时代”，甚至“3 时代”，势头已经是强弩之末，无力反转了。

“宝宝”热潮的消退，并没有让互联网投资理财就此一路低迷，而是

长江后浪推前浪，不断推陈出新。票据理财就是在此时应运而生的新型理财模式，并以其独有的优势“一炮走红”，成为互联网投资理财领域的新宠儿。

票据理财其实是指由于某些原因（处于创业阶段、扩展业务、扩大公司规模等）需要融资的企业，依靠银行发行的承兑汇票，以此为担保向广大投资者筹款集资，并在承诺的期限内给予投资者所许诺的丰厚回报。

票据理财给予投资者最实在的安全感就是票据。银行开具的承兑汇票，是票据理财的灵魂。没有这张纸，票据也就失去了投资的价值，甚至不能称之为票据理财了。另外，进行融资的企业承诺的高收益，也使其迅速蹿红，吸引了庞大的投资群体，并成为一种投资理财新风尚。

为了追赶潮流，以阿里巴巴为首的大型互联网公司迅速进军票据理财市场，再次成为互联网金融时代的风向标。例如，阿里金融推出了“招财宝”，发布的相关票据产品收益率高达5.6%~6.5%，限期为60天~168天，至今已上线的产品有700多种。

另外，苏宁推出的“财运通”相关产品，预期收益率更是高达7%。如此高的收益，似乎让投资者再次看到了“生钱”的曙光。

大型互联网公司抢占票据理财市场，不仅为自己在互联网金融领域开辟了一块领地，也间接推动了票据理财的发展，两者是互帮互助，相互促进的关系。像阿里巴巴这种大型的互联网公司，拥有庞大的忠实用户，在此类平台推出票据理财产品，自然是一种十分有效的宣传手段。

● 优势明显，票据理财遭“哄抢”

此前，京东推出了票据理财产品“小银票”，承诺的预期年化收益率为5.8%~7%，投资门槛金额为100元。就在发布的当天，在线发布的110款产品刚开售，就被迅速“哄抢”，几乎遭遇了“秒杀”。另外，新浪微财富发布的金银猫票据理财产品，发布不到10分钟也被“抢劫一空”。

如今的票据理财产品，完全可以用炙手可热来形容。票据产品被万人疯抢，几乎刚刚出售就被秒杀。那么，票据理财产品为什么如此受大众欢迎，获得屡遭“哄抢”的待遇呢？

实际上，票据理财成为大众热捧的“香饽饽”，绝非是大众盲目地赶时髦，也不是单纯地虚假炒作营造声势，而是因为相较于其他理财产品，票据理财拥有明显的优势。

（1）优势之一：高收益。

高收益是每个投资者梦寐以求的最佳理财结果，但是，如今的金融市场很难推出能够满足用户投资需求的高收益理财产品。

之前以余额宝为首的“宝宝”类产品，在刚出世时的确创造了高收益的神话。然而好景不长，不到一年的时间，“宝宝”大军的收益率就直线下滑，风光不再了。

此时的投资者难道又要把钱转移到收益很低的银行吗？尝到了高收益甜头的投资者，自然有点儿不甘心。此时的票据理财产品，正好填补了这个投资缺口。票据理财创造了比“宝宝”类产品更高的收益率，平均年化收益率大多保持在6%~9%之间，这种收益比“宝宝”类产品收益最高的时候还要更胜一筹。

（2）优势之二：低风险。

票据理财的低风险，主要表现在它的较高信用上。票据理财最让投资者信赖的，就是那张银行承诺兑现的承兑汇票。因为有银行做百分之百的担保，即使该票据产品最终投资失败，投资者也不会血本无归。毕竟，有银行承兑汇票就能取出相应的资金，用以担保投资者的本金与收益。

投资者对票据的信任，其实源于对银行的信任。尤其是大型银行开具的承兑汇票，更能刺激投资者的投资欲望，激发投资需求。票据理财的安全性需要真实的票据来保证，有了承兑汇票，之后再发行票据理财产品，这种规则让票据理财市场比其他投资理财产品显得更加安全可靠。

（3）优势之三：其他优势。

除了高收益、低风险等特征之外，票据理财还有一些其他的附加优势。比如票据理财的投资期限相对较短，一般从一个月到一年不等，可供选择的空间因此扩大，不像银行定期存款那样，最短的期限也要一年时间。

另外，除了投资期限较短，投资的准入门槛也不高，普通百姓都能买得起。只要你能随时关注了解产品信息，及时抢到票据理财产品，那就开心地等着稳拿收益吧。

了解了票据理财的优点之后，对于大众对它的狂热追捧，我们就不再难以理解了。如果你准备成为票据理财投资者中的一员，那么首要的任务就是想尽一切办法提高抢买的速度，不要只是一味地犹豫观望，那样你只能不断地错过机会，长时间一无所获。

2. 票据理财平台 PK

票据理财产品种类丰富多样，作为投资者，要有甄别能力，才能选择到适合自己的产品。总的来说，互联网金融时代的票据理财平台主要分为三类：银行系平台、互联网平台、专业票据平台。这三个平台各有千秋，分别有以下不同特点。

● 银行系平台：最靠谱

银行系平台的票据理财产品，最大的特点是“靠谱”。银行系平台做票据产品，就相当于自己给自己担保。与其说投资者看重的是汇票，不如说看重的是银行的实力。此时的票据只能作为银行的附加品存在，具有比票据更强担保能力的是银行自身。

安全靠谱是银行系平台给予投资者最主要的印象。银行系平台的不足之处，在于它提供的收益率比其他平台相对要低。即便如此，谨慎的投资者还是倾向于选择这类产品，因为投资者看重票据背后强大的银行保障，特别是票据真实性以及发行和托管方面的保障。这也是这类产品投资者购买热度持续不减的原因。

在票据市场的激烈竞争下，各大银行纷纷推出自己的票据理财产品，具有代表性的有民生银行、招商银行、平安银行等，它们均有自己的票据理财产品。比如，民生银行的e票通和民生易贷，收益率均在5.5%~6%之间。招商银行推出的“小企业e家”，大部分也是票据理财产品，利率在5.5%~6.2%之间。

虽然银行系平台发行的票据理财产品收益率相对较低，但是却非常难得，甚至到了“想买也买不到”的地步。为什么会出现这种情况呢？主要有以下两个原因。

首先是因为这类产品风险低，收益可靠，满足了很大一部分投资者的购买需求，拥有强大的市场。购买票据理财产品的投资者多到让你难以想象的地步，与这么多人拼抢，想要第一时间买到心仪的票据理财产品，自然是十分困难的事情。

其次，银行系平台的主要业务并不是票据理财产品，而是以抵押贷款产品为主。至于涉足互联网金融，也是顺应互联网金融发展的趋势，因此对于发行票据理财产品，银行并不是特别热心。

投资者人数众多，可供投资的产品数量太少，这两种原因导致银行系平台的票据产品难以抢购，供不应求。

● 互联网平台：更便捷

互联网系的票据理财平台，较为突出的特点就是“便捷”。具有代表性的互联网系平台有阿里、京东、百度、新浪、苏宁等。这些大型网络平台借助大众对它们的熟知度，做起理财产品更为顺手，推广也更加迅速。由于非常接近我们的生活，只要打开熟悉的网页，就能购买到你心仪的票据产品。

互联网系平台的便捷性主要体现在以下两个方面。

（1）购物与理财一手抓。

许多大型互联网平台，其实就是知名的电商平台，比如阿里、苏宁、京东这样的电商平台，其本身就是购物平台。如果你在这样的平台购买票据产品，也可以算作是购物行为。平台的账号与支付密码以及银行卡都不需要再次绑定，登录之后就可以参与票据产品的投资，做到理财就是购物，购物、理财两不误。例如京东的“小银票”产品，苏宁也推出了自身的商票产品等，购买时只需要使用原来的账号信息即可。

（2）产品种类丰富多样。

其次，互联网平台推出的票据理财产品相较于银行系平台丰富得多，可以给投资者提供更多的选择机会。另外，这些大型平台还具有众多其他理财产品，不仅仅有票据理财产品，基金、众筹等理财产品均有推出，可以让你的投资更加多样化，并为你随时选择、更换理财产品提供了便捷的渠道。

● 专业票据平台：高收益

银行系和互联网系平台做票据理财，可以说都是业余兼职，因为这些并不是它们的主要业务。票据理财平台则是专业的票据平台，它们只做票据理财产品，一般不兼做其他互联网投资理财产品。因为专注，所以自然有自己的优势，主要体现在以下两个方面。

（1）票源相对充足。

票据理财产品一般很难抢到，大部分产品刚“出炉”就被抢售一空。这是由票据产品“高收益，低风险”的优越性决定的，银行系平台的票据产品就是一个很好的证明。

但是，在专业的票据理财平台，这种紧张的竞争氛围相对宽松。因为此类平台专业做票据理财产品，大部分精力都集中在寻找票据项目，增加票据产品上，因此品种和数量相对充足。一个平台上票据产品的种类多样和供应充足，是体现这个平台票据竞争力强弱的标准。因此，专业票据平台的票源相较于其他两类平台要充足得多。

（2）高收益。

银行系平台的票据产品安全性有保障，互联网系平台的票据产品买卖更便捷，但是两者有一个共同点，那就是收益不高。这个缺憾在专业票据平台得到了有效的弥补，这也是专业票据平台更吸引用户的特性之一。

这类平台承诺的收益率比银行系和互联网系的收益率要高很多，比如，八陆融通平台推出的“票据借款”，预期年化收益率高达10%~12%。金银猫平台推出“银企众盈”票据理财产品，收益率也在6.6%~6.9%之间。

如此高的收益率，的确会让许多投资者“垂涎三尺”。然而在选择此类票据产品时，投资者一定要慎重考虑，谨防被高收益冲昏了头脑，造成不必要的资产亏损。

以上三种票据理财平台各有各的优势，购买时要根据你的需求进行甄别，相信经过一番比较后，会得到你想要的投资效果。

3. 防范潜在风险，别被高收益冲昏头脑

近年来，票据理财产品以其“高收益、低风险”的优势，一跃成为互联网金融的新宠。特别是其拥有与银行直接挂钩的信用体系，即“银行承兑”的票据凭证，让许多投资者对其信赖有加，争相购买。然而，投资界不存在绝对的安全，再安全的产品也不等于没有风险。对于票据理财，投资者应保持清醒的头脑，别被高收益冲昏了头。

● 再安全也不是零风险

票据理财产品一直被认为是十分安全的投资理财产品，然而，即使是大型银行，也会面临倒闭的风险，更不要说变化多端的互联网金融市场了。票据理财是存在一定风险的，投资者需要清醒地认识到这一点。

总结一下，票据理财主要存在以下两种风险。

（1）高收益“陷阱”。

票据理财产品的高收益让投资者心动不已，争相购买。但是票据理财

产品真的能维持如此高的收益水平吗？在其他互联网金融产品收益低迷的背景下，票据理财产品居高不下的收益率，也该引起投资者的警惕。

正常情况下，银行承诺的票据贴现利率在 6% 左右，而有些票据理财平台吹嘘 10% 以上的利率，难免让人怀疑。这其中存在 4% 的差额，银行自然不会为票据平台买单，只能是平台自己为它们买单，甚至不惜变相倒贴资产来抬高票据产品的收益率。

票据平台哄抬年化收益率，这么做的目的主要是为了宣传自己平台的产品，为新产品大卖营造声势。一般正规的平台，票据产品还没来得及宣传，就已经被抢购一空了。此类高收益产品为什么还要宣传造势呢？原因很简单，此类平台大多数是一些不知名的小平台，或者承兑银行是实力不强的小银行，只有靠抬高收益率来宣传自己。

这种抬高身价的宣传，实际上是一种变相的欺诈行为。平台自己贴现，将会承担很大的风险，万一之后无力偿还，亏损的还是投资者。高收益只是一种虚幻的陷阱，不能长期维持下去，平台的信用自然让人担忧。

（2）兑付风险。

票据理财平台一般会打着“银行承兑”的旗帜进行宣传推广，用以赢得广大投资者的信任，但是这并不能百分之百确保兑现失败的风险存在。

兑付失败的原因有很多，任何一种原因都可以让投资者输得一无所有。总结一下，主要有以下两种情况。

① 票据平台经营不善。

互联网金融在国内刚刚兴起，许多新兴的投资理财方式其实也是处在“摸着石头过河”的试水阶段。尤其是刚“开张”不久的票据理财平台，平台网络运营技术是否过硬，金融管理经验是否经得起考验等，这些因素都有可能影响到平台的正常运营。一旦平台运营不善，许诺投资者的高收益将无法兑付，甚至本金也一去无回。

② 承兑银行资金周转困难。

按照票据理财的正规流程，理财平台和银行签订一定期限的协议后，平台可以用银行签发的汇票换取现金。问题是有些银行并不能保证可以百分之百兑付现金，因为有些银行可能是资质尚浅的私立银行，或者是地方信用社等，这些承兑银行随时都有可能发生资金周转困难，导致无法及时兑付。

如果你购买票据产品的票据平台所依托的承兑银行属于这些银行，那么你的资金就会承受这种风险。由于平台没办法及时兑现，就会导致你的资金无法按时兑付，甚至有损失本金的风险。

投资领域没有绝对的安全，参与票据理财的投资者，应该认清票据理财的本质，尽可能做到防患于未然。

● 三大攻略防范风险

那么该如何防范票据理财的风险呢？以下三种方法希望对你有所帮助。

（1）主动规避收益率 10% 以上的票据理财产品。

这一点你可能无法接受，毕竟高利率永远都是诱人的，做票据投资理财，目的也是为了赚取更多的收益。然而，在纷繁的票据理财产品面前，我们很容易被利益蒙蔽双眼，不计后果地盲目投入到跟风大潮中，后果令人不可想象。

一般情况下，银行的票据贴现率在 6% 左右，而有些票据理财平台宣称 10% 以上的收益率，显然存在不合理之处。它们可能会挪用其他资金来有意拔高收益率，也有可能挪用投资者的资金做风险更大的投资，以谋取更大的利益。无论是哪种情况，都会引发风险，你的资金安全也就很难得到保障。因此，面对收益率高于 10% 的票据理财产品，投资者不要太贪心，应主动规避，选择收益更加可靠的产品。

（2）选择大型票据理财平台。

如今的互联网金融，“宝宝”类产品风光不再，票据理财产品风生水起，各种票据理财平台层出不穷，你听过的、没听过的各种产品纷至沓来。那么问题也来了，这么多产品，清一色地打着“高收益、低风险”的旗号，投资者该如何选择呢？

虽然票据理财平台多如“牛毛”，但是在选择时，建议投资者选择规模较大，实力雄厚，与大银行合作的平台，或者由知名银行直接发行的票据产品。大型平台一般自身资金实力雄厚，很少出现资金周转不灵和拖欠支付的问题，而且这些平台的专业性、规范性等方面都比较出色。另外，由于其实力强大，信用度较高，与之合作的银行也多是知名银行。作为投资者，把钱交付给这样的平台，自然能睡得更加安稳。

（3）尽量选择期限短的产品。

如今市场上充斥的票据理财产品，不仅准入门槛低，投入期限也有了更大的选择空间，从一个月到一年不等，存入周期相比传统投资理财产品大大降低。然而，在选择互联网票据理财产品时，应尽量多方面考虑，在自己能够接受的情况下，选择期限相对较短的产品，以规避意外事件的发生。

利率市场变化多端，风云莫测，对于非专业投资者来说，能够把握短期的市场利率实属不易，更不要说长期的市场变化了。

建议广大投资者把握住当下的机会，多选择短期投资理财产品，让我们的钱不要离我们太遥远，以便随时可以牢牢地抓住它们。

4. 票据理财产品选择

互联网票据理财自出世以来，就被冠以“高收益、低风险”的美名。作为投资者，我们该从何下手，以确保在获得“高收益”的同时，又能拥抱“低风险”呢？选择好的理财产品当然是重中之重，下面就介绍三种方法，帮助你选择最优的票据理财产品。

● 认准平台找对路

互联网票据理财平台主要有互联网系平台、银行系平台和专业票据平台。在选择产品时，该如何权衡三者呢？

其实选择哪一种平台，要由你的具体需求而定。比如你想要追求高安全，对收益没有那么高的要求，那么银行系产品很适合你；如果对收益的要求较高，那么选择专业的票据理财平台比较合适。

（1）首选“大”平台。

这里的“大”不仅仅是指规模大，还包括知名度、平台管理能力以及网络技术等综合实力的“大”。为什么要选择此类平台？很显然是冲着大平台给予我们的安全感而来的。

大平台一般涉足票据理财行业比较早，而且是在一轮又一轮激烈的竞争中凭借其明显的优势存活下来的。这样的平台能够为投资者提供更优质的服务，更安全的投资环境，更稳定的网络平台，还有更靠谱的票据理财产品。

投资理财是为了让自己的资产保值增值，保值的前提首先就是保证资产的安全。如果连资产安全都无法保证，还谈什么赚钱呢？之所以让投资者选择大型的投资平台进行投资，就是为了保障投资者的资金安全。

互联网金融背景下的票据理财市场，各种大大小小的投资理财平台鱼龙混杂，其中不乏以银行汇票为诱饵而集结大量资金的平台，等筹到一定数目的资金后就逃之夭夭，或者到期无法兑付，出现资金兑付拖延等问题。因此在选择票据理财产品时，应看清平台的真面目，谨慎选择平台。

大型互联网票据平台或者是知名银行的票据产品，尤其是知名银行的票据产品，由于其自身监管严格，资金实力雄厚，基本上不会出现兑换困难或延迟的情况。

（2）注重信息透明化。

互联网金融时代的各种票据理财平台，是基于互联网技术建立的网络平台。投资者在选择票据理财产品时，只需要有一台能够上网的电脑或者下载应用APP在智能手机上，就可以登录各个网站平台办理相关业务。

在互联网平台上，所有的业务都是线上办理，无须人工服务。许多信息只能依靠投资者自行查看，因此网站信息的披露程度以及信息量，对投资者来说十分重要。平台信息更加透明，也是衡量一个平台安全程度的重要标尺。

一般平台的信息流动能够做到最大限度地透明，不仅是对客户诚实的表现，也是平台自身信用度高的彰显。这样的平台随时能够接受用户的监管，基本不会出现资金流向不明或者挪用资金进行多重投资的问题，因此平台经营者跑路和出现坏账的概率很低，是投资者值得信任的平台。

● 考察产品质地，选择产品莫偷懒

在选择票据理财产品时不能有半点偷懒、马虎的心态，一定要全面考察产品的质地，掌握票据理财产品的情况。比如承兑银行、融资用途、借款方信用状况、借款期限、借款用途等方面，都要了解清楚。

如何做到全面而细致地考察票据理财产品呢？这里总结了以下四点。

（1）防范高收益。

对于一些打着“高收益”旗号，甚至年化收益率在10%以上的产品，我们一定要有所防范。票据理财产品的年化收益率一般维持在5.5%~7.5%之间，达到10%以上，就有一定的安全隐患。这些产品背后，往往是集资企业的哄抬炒作，或者是把资金用于更大风险的投资上。因此，对于拥有虚高收益率的产品，要看清它的实质，谨防因小失大。

（2）了解产品投资期限。

一般投资产品都会有一个固定的投资期限，短期的有一个月左右，长期的能够达到几年之久。产品期限越长，投资的风险也会越高，相应的收益率也会相当可观。投资期限越短，安全性越高，但收益率也很难让人满意。

票据理财产品的投资期限从一个月到一年不等，投资者在选择时，最好根据自身的实际情况进行选择。并不是说投资期限越短，产品就越安全，如果投资者有一定的风险承受能力，也可以考虑投资期限稍长的产品，毕竟它们的收益相对更加可观。

（3）查看票据来源。

票据理财产品的信息上，一般都明确写有开具汇票的银行，也就是票

据的来源。这个信息对于投资者十分重要。因为票据理财产品之所以比一般理财产品安全，最主要的原因还在于有银行承兑汇票作保证。

然而，是不是有了汇票，就代表你购买的票据产品绝对安全了呢？当然不是，因为任何银行都可以开具汇票，却不是所有银行都有能力如数及时地兑付现金。一些实力比较弱的小型银行，像各种农村信用社等，由于吸纳的资金有限，资金来源也不稳定，风险承受能力相对比较低。如果你购买的票据产品由这样的银行来承担兑付责任，就需要好好考虑一下自己的选择了。

（4）票据是否完整，有无瑕疵。

投资者投资票据理财产品，一般会得到相应的票据。这是产品承诺的期限截止时兑现的依据，因此需要仔细对待。

首先，拿到票据后要仔细查看该票据是否完整，不能有残缺；其次，检查票据上有没有印刷模糊或者污损的地方。虽然这些都是很小的细节问题，但是到兑现的时候，可能就会因为一个字迹不清楚，银行拒绝向你兑换现金。

收到票据时，要注意查验票据的完整性与清晰度；保存票据时，要防止票据遭到污损，要像保护重要文件一样地保护它。

● 注意起息日，别上宣传的当

互联网金融时代的票据理财产品，一般都有产品起息日。何为起息日，顾名思义就是票据产品投资期限开始的时间。比如某票据注明是从8月1日到8月30日，为期一个月的投资期限，那么8月1日就是产品的起息日。也就是从8月1日开始，产品正式生效，开始计算收益。

理财产品一般都有募集期，募集结束后才是正式的起息日，也就是你的钱才开始增值。一些票据理财平台为了博人眼球，往往哄抬预期年化利率，以达到宣传效果，结果往往是拉长募集期。比如有的平台购买日和起息日相差时间长，少则几天，多则十天半月，这个期间内，投资者的钱是没有收益的，实际上是在平台里白白多待了募集期这段时间。假如募集期是 7 天，票据产品的期限是 60 天，那么实际上你的钱在平台上待了 67 天，但是你获得的实际收益却没有加上这 7 天时间的收益，而是 60 天的收益。

增加了产品募集期，受影响比较大的是最早购买这一票据产品的投资者，因为他们的钱很可能比最后一个投资者早早投进来了十天半个月。甚至还有更悲催的事，如果这一理财产品没有达到募集的预期资金数额，导致募集项目终止，最早投入的投资者等到最后，只能一无所获地退出，白白损失不少时间成本。

因此，投资者在投资票据理财产品时，一定要看清产品的起息日。对于实际收益，也要有一个明确的计算，不要被一些平台的宣传噱头所迷惑。

5. 票据理财操作流程

了解了票据理财的特点与购买技巧之后，这里就与大家一起分享票据理财的实操过程。这里以京东金融的票据理财产品“小银票”为例，做具体的介绍。

● 开立理财账户

步骤一，首先在搜索栏输入“京东金融”，点击搜索。

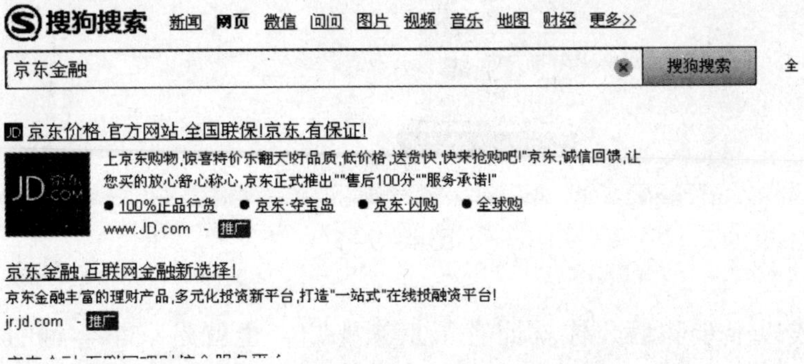

图 4-5-1

步骤二，进入京东金融首页，点击最上方的“免费注册”。

图 4-5-2

步骤三，进入注册页面，输入注册所需要的信息，然后点击“立即注册”。

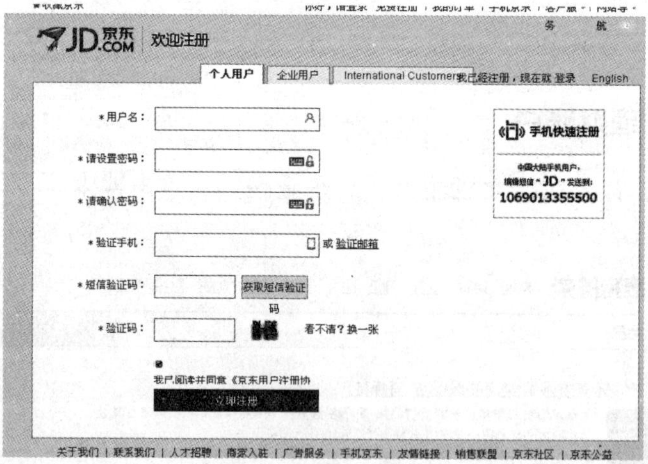

图 4-5-3

完成以上步骤后，你就拥有了京东账户，也就是京东金融的票据理财账户。

● 查看产品列表及说明

步骤一，首先，登录京东商城首页，点击“金融”。

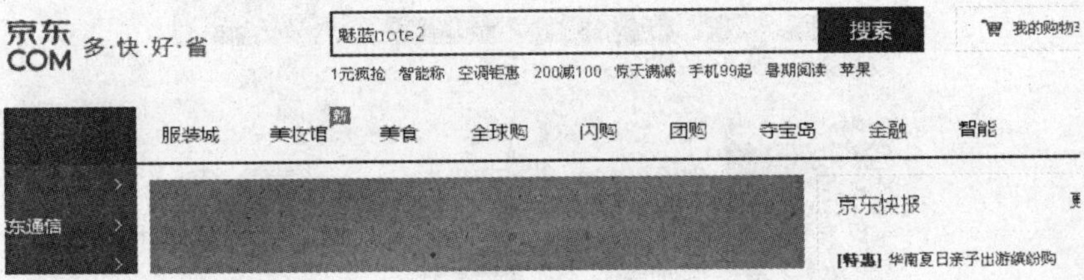

图 4-5-4

步骤二，进入金融页面，点击“理财”，然后选择“票据理财”。

图 4-5-5

步骤三，进入票据理财页面，会有多种产品供你选择。在产品列表里，你可以看到年化收益率、投资期限、承兑银行以及资金集结进程等相关信息。

图 4-5-6

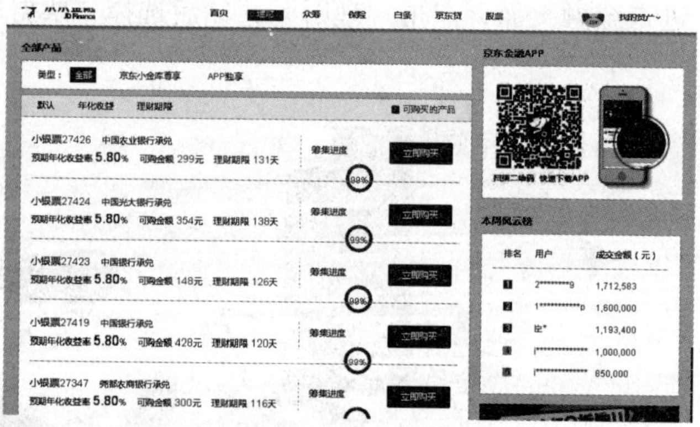

图 4-5-7

● 产品购买和支付方法

步骤一，选中你心仪的产品后，点击“立即购买”。

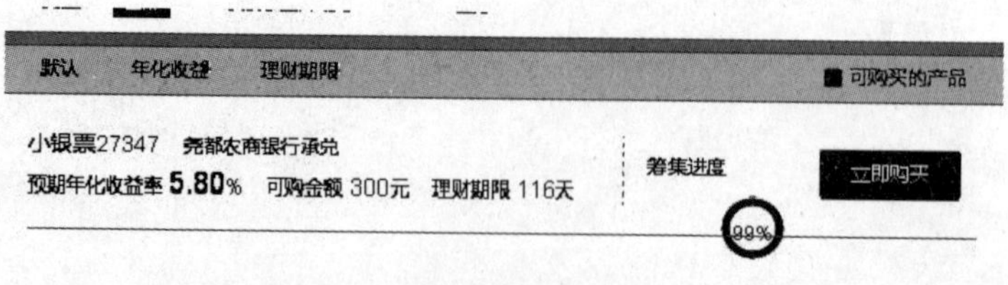

图 4-5-8

步骤二，点击后会出现以下页面，确认信息后，点击“立即付款”。

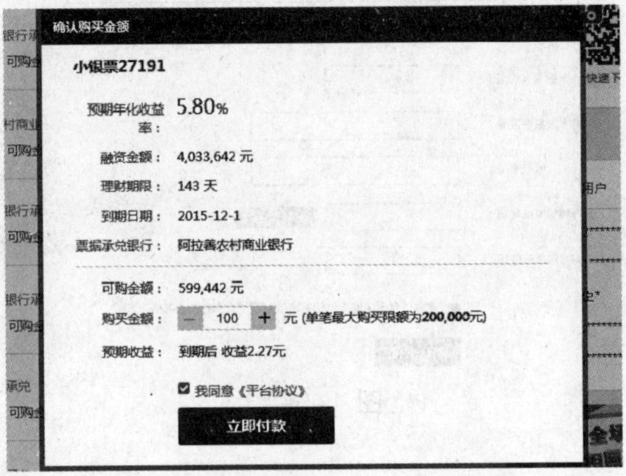

图 4-5-9

步骤三，进入网上银行支付页面，选择你开户的银行，进行在线支付。

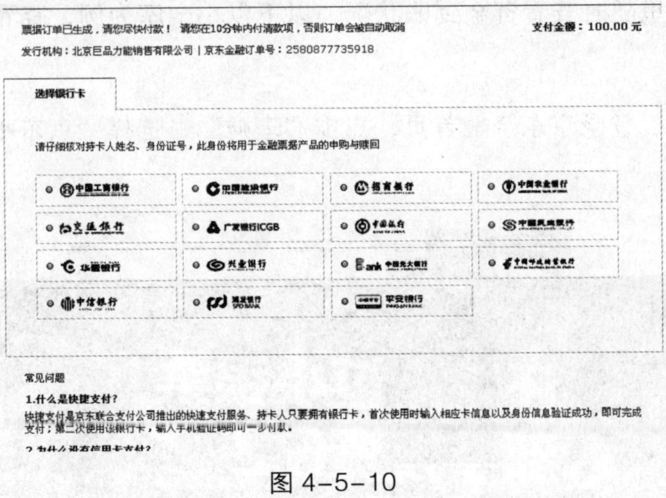

图 4-5-10

步骤四，以建设银行为例，填入账户信息，然后点击“确认支付”，完成购买流程。

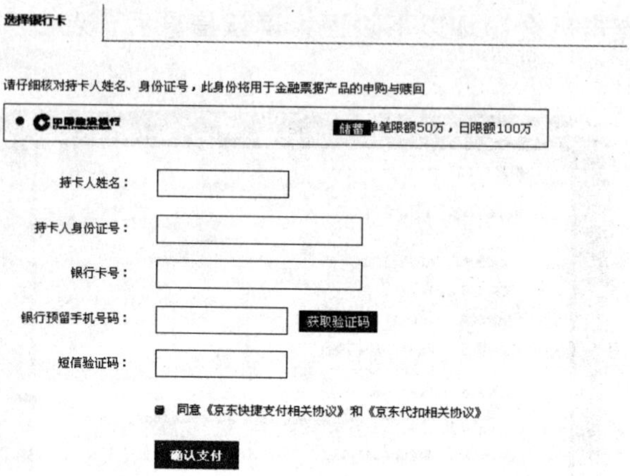

图 4-5-11

● 产品到期兑付的操作

京东的小银票票据理财产品到期后，本金加利息会自动返回到用户的银行储蓄卡或者小金库中，一般 1 ~ 3 个工作日到账，遇到节假日顺延。你可以在账户里随时查看资金到账状况。以下以小金库为例，查看资金兑付的情况。

步骤一，登录京东金融首页，点击“理财”，选择“京东小金库”。

图 4-5-12

步骤二，点击“一起赚钱吧”，进入小金库。

图 4-5-13

步骤三，这个页面会有你最近的收益与订单情况，可以查看你的资金流动明细，购买的小银票有没有兑付等情况。

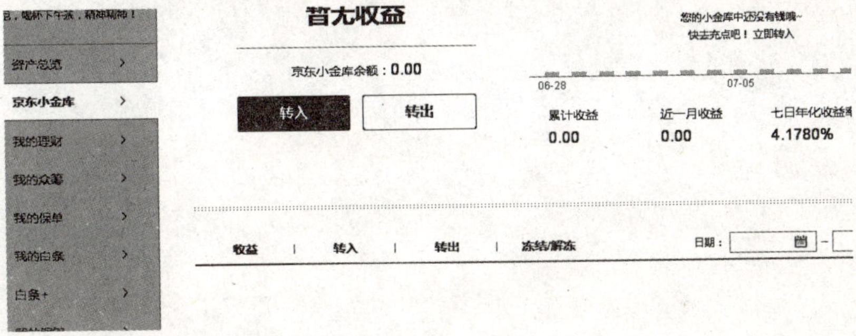

图 4-5-14

第五章
众筹
众人拾柴火焰高

众筹是最近几年才火爆的一种互联网融资模式，具有门槛低、多样性、依靠大众力量、注重创业等特征。本章将带你走进众筹，认识众筹，体会“众人拾柴火焰高”的魅力。

1. 众筹，开放性投资方式

还在为投资创业没有启动资金，或者无力承担变化不定的市场风险而一筹莫展吗？其实解决的办法很简单，你只要发一条微信或者微博，就有可能得到超乎你想象的备用金。最近几年，互联网金融界“异军突起”，各种你想不到的投资理财“奇葩”争相涌现，几度颠覆了我们对投资理财的认识。

目前，继“宝宝”、票据理财产品之后，又一种新的投融资模式进入我们的视野，并且像许多新宠儿一样，掀起了一阵投资理财新热潮，它就是众筹。众筹是一种可以让你通过一则微博，就可以集结百万创业启动资金的新兴的互联网投融资方式。

● 现代化众筹，投资理财新热潮

众筹，简单地说，就是大家合伙一起来筹钱，然后再用这些钱一起做点儿事，比如开个咖啡馆。如果咖啡馆经营起来并且盈利了，那么这些利润将按照当初筹钱的比例份额回报给大家。如果咖啡馆经营不善，或者因为其他原因倒闭了，那么当初筹集的钱也就随着咖啡馆的倒闭而亏损了，也就是说，风险由投资者共同承担。

如果你还不是很了解，下面更进一步走近众筹，揭开它的神秘面纱。

在西方，众筹的雏形可以追溯到18世纪。当时的文艺界流行一种“订购”的方式，即作家或者画家等从事文艺创作的人，由于没有足够的资金支持高消费的创作，便向有钱人求助，期望得到资助，并以创作作品的部分权限，比如以资助者的名字命名作品等方式作为回报，通过这种方式筹得资金来完成创作。这是西方最早的众筹雏形。

其实中国古代也有类似的众筹模式，比如古代修建寺庙，尤其是小寺庙，一般的资金来源都是民间集资或者和尚化缘等方式获得。这和如今流行的互联网众筹有惊人的相似之处，只是“化缘”的工具变化了，变成了网上筹资而已。

作为一种商业模式，众筹最早出现在美国，近年来才得以迅速发展，风靡欧美甚至传到中国。众筹商业模式由三个方面组成，分别是筹资人、众筹平台、出资人。筹资人一般是有创意但是缺乏启动资金的创客或者是小微企业的创业者，他们拥有创意项目，比如一部电影、一本书、一个创意小店等。这些项目的实施计划以及预期的实施结果，都需要让投资者事先明了。

众筹平台由中介机构搭建，也由中介机构进行监管，以维护筹资者和投资者的权益。这种平台依靠现代化的网络技术，将通过审核的筹资项目在平台上发布。筹资成功后，要跟踪项目的动态变化，随时反馈信息，以防止筹资人携款潜逃等违法行为的发生。最后是投资人，也就是愿意出钱的大量网络用户们，根据平台上发布的项目，选择自己最感兴趣的项目，然后投入你想要投入的资金。

现代化的众筹之所以如此受大众热捧，在于其表现出来的开放性与便捷性等特点。首先，众筹极大程度地降低了融资门槛，鼓励更多的小微企业开放创意，促进更多的群体以及个人积极创业。如今中国的就业压力，尤其是大学生的就业压力非常大，通过众筹这种筹资方式，可以让许多有创意的大学毕业生筹集到创业启动资金，加入到创业群体，这也不失为解决就业的方法之一。

其次，这种融资的便捷性，激发了草根阶层的创新热情。无论你是谁，只要有想法，有创意，就可以通过互联网平台找到志同道合的投资者来支持自己创业，从而把自己的创意变成现实。

最后，由于众筹的创意项目最终还是以商品的形式流向市场，所以在前期募集期间，来自不同地区，拥有不同观念的投资者聚在一起充分讨论，提出的意见和观点会使该项目更加完善可行。这在一定程度上拉近了生产者与消费者的距离，从而降低了商品推向市场后的风险，开辟了更为广阔的潜在市场。

● 众筹投资，收益未必是关注重点

对于大部分投资者来说，之所以选择投资理财产品，肯定都是不甘心自己的钱放在钱包里被通货膨胀吞噬掉，而是希望解放钱包，把钱放进多个篮子里，生出更多的钱。比如“宝宝”类产品，票据理财等产品，都会给投资者带来高于传统投资理财产品的收益。

当然，互联网众筹也有极大的可能给予投资者比银行存款利率更丰厚的收益。比如，如果你投资的项目有很好的发展前景，并且推出后受大众欢迎，会一步一步地成长壮大，那么作为该项目的股东与创始人之一，你获得的收益绝对会很可观。

然而，对于玩众筹的人来说，他们最看重的未必是收益。当然，不排除许多众筹产品打着创意筹资的口号，许诺丰厚的利润，吸引大量为了利益而投资的投资者。还有更多的投资者并不仅仅是因为收益去投资某个众筹项目，而是出自单纯的喜欢，比如喜欢筹资人的创意与想法，被这个项目的魅力吸引，或者筹资人想做的正是你梦寐以求的事业。

比如，喜欢文艺的你，梦寐以求某部小说改编成电影，而这个创意居然被某人或者某个专业团体提出来，并以众筹的方式募集拍摄资金，而且他们找的男女演员也恰恰是你觉得很符合原著气质的演员，那么你可能会十分乐意地自掏腰包支持该项目，甚至根本没有想过收益的事情。

从这里也可以看出，众筹筹的不仅仅是资金，还有共同的兴趣与创意。也就是说，投资者除了付出资金，还有他们对于项目的一腔热情。

此外，众筹项目的投资者，一般来说并不太注重投资收益。除了对投资项目有兴趣之外，与个人投入的资金量小也有关系。

一般小微企业或者个人发起的众筹项目，所需资金并不多。参与众筹的人数越多，平均到每个人的资金份额就会很少。况且众筹项目不像其他基金或者票据理财产品，严格规定起投金额，众筹投资者完全可以根据自己的经济实力出资，多少并不重要。也正因为如此，许多人并不心心念念投出的钱，因为那只是他力所能及的一份心意。

互联网众筹的出现，可以说是互联网精神的一个伟大创举，平等、开放的互联网精神融入到了众筹模式之中。与其说众筹的筹资者与投资者是单纯的利益关系，不如说他们是“志同道合”的盟友更为贴切。

2. 众筹五大模式，投资理财怎么选

众筹兴起于美国，在进入中国市场后，可谓是“遍地开花”，也孕育了许多具有中国特色的众筹模式。一般来说，众筹主要分为以下五大模式。

● 募捐制众筹：不予回报的公益众筹

募捐制众筹的特点是无偿性，也就是说，投资者是不求回报的自愿捐赠。比如红十字会等公益组织通过网络平台在线募捐，可以说这是募捐制众筹的雏形。有需要的人通过一些权威组织发布“求助信息”，然后得到大众的关注，主动自愿地出资帮助。

有些募捐制众筹是以兜售某种商品的形式来筹资，比如筹资人出售自己创作的音乐专辑，以获得继续追梦的生活费用；某商家变卖商品，再把筹集的金钱用于救助某些需要的人。因此，有人戏称募捐制众筹这种形式为“团购”。但是这种“团购”与网上商城的团购性质是完全不同的，募捐制众筹的项目投资者和网上商城的商品消费者的“购买”心理也有差异。

我们平时网购，主要关注的是所买商品值不值得我们出相应的价钱。在募捐制众筹模式中，“捐赠者”主要是被“募捐者”感动，表现出想要参与和支持的心情。募捐制众筹中的投资者几乎不会考虑回报，这种行为具有完全的公益性质，而非单纯的购买行为。因此可以说，募捐制众筹实质上就是通过大众筹资的方式来帮助需要帮助的人，是一种多人参与的公益性活动。

募捐制众筹模式在中国并不是非常“流行”，一方面是因为缺乏第三方的监管，非法欺骗性质的募捐筹资概率比较大。另一方面，在物质生活平均水平还不太高的中国，这种纯粹公益性质的募捐行为，可能会被人“冷漠”对待。

比如欧美地区的众筹平台可以帮助许多人圆梦，一顿美美的大餐，一座舒适的大房子，一辆心仪的汽车等。然而在中国，这种活动可能就会被“我自己也想被捐赠”的想法限制。

● 奖励制众筹：回馈产品的实物众筹

和募捐制众筹有所不同，奖励制众筹不再是无偿的、不求回报的纯公益类众筹，而是严格规定必须要有回报的众筹模式。只是回报的结果有些特殊，不是金钱，而是产品或者其他实物。

奖励制众筹的具体运作模式是，筹资者在众筹平台上发布自己所要研发设计的产品理念与成型后的效果，投资者对产品和设计方案进行多方面考察，提出自己的改进意见，最后决定要不要投资这款产品。

当达到预设的筹资额和筹资人数后，产品设计者开始制作这种产品，并且承诺给投资者提供一定的实物回报。这种回报可以是完成后的产品，也可以是购买产品的优惠券等。如果筹资没有达到预设的金额，众筹平台会全额返还投资者投入的资金。

简单地说，奖励制众筹就是一种类似电商平台的商品“预售”，只是这个预售时间有点长。一般电商比如淘宝商家的预售期限，最长也就一个月，否则买家可能就会失去耐心。奖励制众筹的期限则不定，少则几个月，多则几年也有。但是奖励制众筹又不是真正意义上的预售，它和电商产品预售只有形式上相同，本质则完全不一样。这种本质的区别不在于产品的销售环节上，而是在设计、生产环节上。

奖励制众筹的产品创意者在平台发布自己的产品后，会吸引一大群围观者。围观者在一起“七嘴八舌”相互讨论之后，产生更多有价值的创意（这也是众筹的价值之一）。这些意见可能会被设计者采纳，加入到原来的创意中，让设计出来的产品更趋完美。

举个简单的例子，有个创意发布者想要制造一台带有远程操控功能的空调，以造福许多“懒人”。信息发布后，有人就提出能不能直接甩掉遥控器，用随身携带的手机操作呢？又有人提出，空调在夏天冷得慢，冬天又热得慢，能不能做到迅速调温呢？在此过程中，发布者集合了大量“消费者”的要求，重新优化自己的产品设计，使之更加符合大众的需求。

这就是奖励制众筹模式下的集资过程。奖励制众筹不仅仅是筹资，更是一场集思广益的产品研发会。众筹过程中产生的创意和智慧，将会有效避免因盲目生产而造成大量的资源浪费。

● 借贷制众筹：保本还息的债务众筹

借贷制众筹，又称债权众筹。相较于前面两种众筹模式，这种模式较关注投资收益。在这种模式下，投资者对众筹项目的集资企业或组织投入资金之后，会获得相应的公司债权。当众筹项目结束后，集资企业将归还许诺给投资者的本金和利息。

这是一场有偿交易，企业对投资者的承诺必须要兑现。众筹平台等第三方监管平台也会对筹资企业施加压力，以确保投资者能够如期拿到本金和收益。

借贷制众筹有点像民间放贷，其实是一些需要融资的企业向大众求助，希望可以依靠广大群众的力量筹得发展资金。老百姓投了钱，自然就成为该公司的债主之一，可以在项目到期之后索要债务，还有相应的利息。这不是募捐制众筹，因为人们投资它是想要得到回报的。这里的众筹平台在无形中转变成了借贷平台。作为借贷者和筹资者之间的桥梁，众筹平台在为借贷双方提供便利的同时，也要进行严格的监管。

如果你参与众筹的目的是为了获利，那么借贷制众筹可以作为你的选择之一。你可以在众筹平台关注多个借贷众筹的公司，然后根据它们的实力，选择你认为较为可靠的公司作为投资对象。

借贷制众筹的优点在于投资门槛低，投资者完全根据自己的财力进行投资。但是，借贷制众筹等有偿众筹由于触及了国内法律的某些敏感地带，稍有不慎可能就会被冠以“非法融资”的高帽，所以为了你的资金安全，投资时务必谨慎。

● 股权制众筹：“草根式”资本募集

众筹这个新生儿，漂洋过海来到中国已经好几个年头了。然而，与美国等国家以股权制和借贷制众筹为主不同，中国则以奖励制众筹模式为主。因为美国政府支持股权制众筹的发展，并且有明确的法律规范这种模式的运行。但在中国，由于不允许民间非法集资，对股份制众筹这种融资模式存在限制，所以造成了股权制众筹和借贷制众筹模式在我国处于一种相对偏冷的状态。

那么，股权制众筹到底是什么呢？最简单的表述就是：你给筹资公司投钱，然后它回报你相应的股权。筹资公司通过“出卖”自己的部分股权以获得资金，用来维持公司的发展。投资者拥有了一定份额的股权后，就成为真正意义上的“股东”，可以获得公司分红。

股权制众筹的融资过程主要通过互联网搭建的众筹平台完成，需要融资的公司发布信息之后，由投资者自由投资。股权制众筹最大的特点在于其“草根性”，许多草根阶级的创业梦想通过股权制众筹得以实现。通过这种融资方式，人人都可以成为股东，都能参与创业，因为每个人出资额不多，这样把风险分摊到每一位投资者身上，即使创业失败，也不会对投资者造成太大的资金损失。

众筹是为草根而生的，而非为富人打工。如果你想创业，就可以在众筹平台上发布相关信息，吸引志同道合的人加入你的团队，并为你筹集企业发展资金，这样投资者也成为这个项目的股东之一。项目成功之后，不仅圆了你的创业梦，也让普通大众圆了创业梦，这也是互联网分享精神的体现。

● 收益权众筹：分红利不分股权

收益权众筹是继前四种众筹模式之后新兴的一种众筹模式，主要是指筹资者发布一个产品或者项目之后，向投资者募集资金。产品出售后，筹资者将获得的收益按一定比例分配给每位投资者。收益权众筹的本质是发起人向投资者让渡收益权的约定，通过让渡，投资者获得产品的收益权，所以称之为收益权众筹。

收益权众筹可以说是众筹模式的一种重组和创新，它集合了多种众筹模式的优点。首先，与纯粹的无偿性募捐制众筹或者奖励制众筹相比，收益权众筹提供给投资者的是实际的收益，而不是无偿捐赠。另外，与股权制众筹和借贷制众筹相比，收益权众筹的发起人不需要出让股份，也不用承担到期还本付息的压力，只要你的产品有足够的创意吸引消费者，赢得市场后，将所得的收益按相应的比例分配给投资者即可。

对于股份制众筹来说，这种模式的收益率并不一定高，还需要为全企业的“命运”担忧，因此风险较高。收益权众筹则分离了经营权和所有权，将风险一分为二，对于投资者来说，只需要担心产品的经营状况，不需要担忧整个企业的命运。一旦你投资的产品在市场上销售状况良好，你将会获得可观的收益。

众筹的五种模式各有特点，投资者在选择时，主要根据自己的需求选择，你需要什么，就选择什么样的众筹模式。如果你被一个项目感动，那么获利就不再是重点，你可以选择募捐制或奖励制众筹。如果你比较注重投资收益，那么收益权众筹或许能够满足你的胃口。

3. 国内众筹平台的典范

众筹，译自“crowdfunding”一词，有大众集资之意。世界上最大最知名的众筹平台，当属美国的 Kickstarter。该平台以其超低的门槛，简单有效的运作模式，平民化的创意等特点风靡全美，是众筹平台的成功典范。

那么，中国众筹有哪些知名的平台呢？

● 天使汇：股权制众筹代表

国内有许多股权制众筹平台，比如天使客、天使街、银杏果等，但是最有代表性也是最知名的股权制众筹平台当属天使汇。

天使汇创办于 2011 年，主要运营和管理互联网领域的融资项目，其服务宗旨用创始人兰宁羽的话说，就是“让靠谱的项目找到靠谱的钱”。也正是基于这一宗旨，天使汇发布了首个天使投资者众筹规则，成为国内首家发布天使投资者众筹规则的平台。大家熟知的“滴滴打车”与“大姨吗”软件，就是在天使汇平台上集资打造出来的成功案例。

股权制众筹无论是风险还是收益均相对较高，如何把控风险，让每个投资者和融资者放心投资与创业，是考验股权制众筹平台最重大的问题。天使汇之所以能够在众多股权制众筹平台中脱颖而出，关键在于它解决了这一问题。经营稳定之后，天使汇努力打造一个更透明、更高效的众筹投资平台，以净化投资环境，让投资理财更靠谱。

为了达到自我净化的目标，天使汇主要采取了投资者认证制度。

天使汇对天使投资者实行认证制度，无论你是投资者还是融资者，必须通过严格的平台审核，才能享有更多的权益，成为真正的会员。比如，经过认证的投资者，可以了解到更多更详细的项目信息。经过审核的融资者，也可能是一个团体，可以一次性筹集更多的资金。这样的认证制度，除了让平台更加规范化、透明化之外，更重要的是守住了“商业机密”。

股权制众筹模式，就是投资者出了钱之后，就成为该项目名义上的股东。作为股东，必须要对公司的一些基本信息有所了解，也就是某些我们称之为“商业机密”的信息。如果这些“机密”信息落入了身份不明或者不靠谱甚至是竞争对手手里，后果将不堪设想。因此，天使汇在“卖出”融资企业股权的同时，通过实行认证制度，可以维护投资者和融资者双方的权益。

实行认证制对投资者也是一种有效保护，并且这种措施的效果是双向的。投资者靠谱，是融资者的幸运；融资者靠谱，也是投资者的幸运。

在监管方面，天使汇还致力于提供优化的服务。尤其是对于相对比较弱势的投资者来说，天使汇提供专业的投资指导服务，让投资者能够根据自己的实际情况做出最优选择。可以说，这个平台真的像天使一样在为平台上的客户服务。

● 点名时间：科技众筹的代表

中国最早、最知名的众筹网站，非“点名时间”莫属。该网站成立于2011年7月，被国人称为“中国的Kickstarter”，因为它也是致力于打造服务普通大众的低门槛的众筹创意平台。项目发起人可以把自己的创意以文字、图片、视频等方式发布到平台上，以吸引想要投资的大众，通过这种方式支持草根阶层大胆地进行创业。

与Kickstarter相比，点名时间显然显得稚气十足，但是作为“第一个”吃螃蟹的人，把众筹这种全新的模式引入国内并加以实践，本身就是一个了不起的创举，所以，该网站拥有广阔的发展空间。

然而，在2013年，点名时间却声称网站“不再做众筹了”。这无疑是令人震惊的消息。但是震惊之后也有欣慰，因为它的本质并没有改变，仍然是为创意而生，只是改变了运营方式而已。2013年伊始，点名时间便将平台的重心放在了智能硬件领域，2014年正式宣布转型为智能产品首发模式。至今，它已经发展成为全国最具创意、最新奇的智能产品首发平台。

点名时间运用自身独特的优势，带动了一股创新潮流。只要是具有创意的智能硬件产品，都可以申请在平台上发布，而且这个平台会让你的产品赢得绝对的聚焦，为它成为热卖产品提供最大的可能。

点名时间的优势主要体现在以下几点。

（1）免费、专业的公测。

一款网络游戏正式发布之前，一般都会内部测试或公测一段时间，相当于让大众评判一下这款游戏好不好玩，是否还有可以改进的地方。为了更容易让消费者接受，智能产品也需要如此，点名时间则给即将上市的产品提供了免费测试的机会。在这个平台里，有一大群爱玩、会玩，并且了解国内外智能产品信息的人。他们为新产品提出自己的意见，可以说经过他们认可的产品，绝对会赢得大众的欢迎。

（2）畅通的销售渠道。

在点名时间平台上，你不需要担心产品销路，因为这个平台能够为你打开产品销路，你需要做的只是让产品符合消费者的需求。

经过长期努力，点名时间已经拥有超过500家销售渠道，并与这些公司建立了合作联盟。销售范围包括美国、澳大利亚、日本、俄罗斯以及东南亚等国家和地区，可谓是覆盖全世界。

有时候，为产品“虚张声势”也是很有必要的。点名时间拥有近200家合作媒体，能够让你的产品获得足够的曝光率，营造声势，抓住大众的眼球。

（3）比淘宝还优惠的价格。

点名时间运用自已得天独厚的首发模式，与智能硬件产品研发公司直接合作，可以最大限度地降低产品生产成本，最终提供给消费者的价格绝对低于其他商家。通过价格优势，能够吸引更多的消费者，从而推动智能硬件产品进一步走向市场。

有人说点名时间做的是比团购还便宜的预售，完全脱离了众筹的轨道。其实，它本质上仍然是众筹模式，只是把众筹最初的创意细化到智能硬件创意上，成为那些热爱智能硬件创新产品的研发团队或个人展示产品的“发布会”。

● 淘宝众筹、京东众筹：电商众筹的代表

自从阿里推出“余额宝”之后，互联网金融在中国迅速发展。阿里、京东等这些电商依托其独特的优势，占据了大部分互联网金融市场，收获了大量的人气。当然，在众筹领域也少不了它们的身影。作为电商界的大佬，它们拥有雄厚的财力，技术、人才、管理等综合实力也十分完善，因此，进军一个新的领域很有优势。

首先出击互联网众筹的是京东。京东上市不久，就开始发力互联网金融。2014年，京东金融的第五大业务——众筹“凑份子”上线，成为参与众筹

的第一家电商企业。“凑份子”主要有12个众筹项目，包括7个智能硬件项目，5个文化项目，都以门槛低、新奇好玩的特点吸引了大量热爱智能硬件和流行文化的年轻群体。

京东的众筹模式属于股权制众筹。为了降低投资风险，它主要采取了“跟投＋领投”的方法，即让一些具有专业投资能力的人分享投资经验，并且对缺乏投资经验的投资者给予投资指导。简单来说，就是让有专业投资经验的人做领投，经验匮乏的人选择跟投。通过这种机制，有效降低了股权制众筹的风险，让投资者快乐地玩转众筹这个新事物。

继京东众筹之后，淘宝也推出了自己的众筹业务。与京东的众筹模式不同，淘宝众筹初期侧重的是奖励制众筹模式，更多地是一种“重在参与”的娱乐心态，并不是以投资理财为目的。淘宝众筹总经理高征曾说，“淘宝众筹永不收费，公司对我们的考核标准不是赚多少钱。”这句话就是淘宝对众筹态度最好的体现。

2013年，淘宝网推出了自己的众筹业务“淘星愿”，这里的“星”就是指明星，由明星发起一个小心愿，然后粉丝们帮助他（她）们完成心愿。林志颖曾经参与其中，发布出书的心愿，引得大批粉丝争相投资。这种模式本质上是淘宝借用明星来“作秀”，用名人效应赚取更多的人气和关注，为自己推出的业务营造声势。这里当然也有“玩”的心态，只是玩得比较有商业性而已。

果然，“玩”够了，声势也造足了，淘宝就要扩展自己的众筹业务了。淘宝众筹开始逐渐确立五个发展方向：科技、设计、农业、工艺和娱乐众筹。有人还透露，淘宝网的股权制众筹也在准备当中，甚至已经到了呼之欲出的阶段。但是从目前来看，盈利还不是淘宝做众筹的目的，这种大企业的关注点不仅仅是收益。

淘宝众筹总经理高征透露，公司对他们的考核标准是能够吸引更多的创意者和优秀项目。淘宝众筹在乎的是创新，因为只有创新才具有生命力，淘宝才能够紧跟互联网金融的步伐，一直做领军企业。

电商众筹给众筹行业带来了新鲜血液，活跃了众筹市场，也让更多的人开始了解众筹。但是如何做到更加完善，而不仅仅是重在参与，电商众筹还有很长的一段路要走。

● 众筹网：生态众筹的代表

众筹网与点名时间、天使汇那些最早成立的一批众筹网站不同，它有自己的创新度和知名度。比如，众筹网与影视娱乐界合作，联手打造快男电影，首次推出了“粉丝经济”模式，把众筹从小众文艺范儿转变为亲民大众范儿。这些都是众筹网给予众筹的新创意与新定义，一次次刷新我们对众筹的看法。

众筹网乐于创新，善于创新。其做得最好的创新之举，就是致力于生态众筹的建设，努力摆脱众筹简单的“预售”印象，丰富众筹的项目内容，建立多样化的生态众筹模式。

其主要表现就是打造众筹生态产业链。众筹网成立了众筹大学，提供开放多元、丰富多彩的课程，为用户提供了优质便捷的互联网知识储备。如资助乐童音乐并成立乐童音乐基金，细分平台业务，专门支持有音乐梦想的人完成音乐梦，使之更具权威性与专业性。另外，它还与专门做微电影的V电影合作，细分并开辟了微电影众筹模块。

除了文化类的众筹创意，众筹网还将触角延伸到体育方面，比如与乐视网的世界杯互动产品合作。另外，在新能源方面，众筹网也有所触及。比如，与联合光伏合作开发深圳前海新区太阳能电站项目。这些项目不再是以收益为主要评估标准，也不是募捐制的“献爱心”，而是打造一个多样化、多功能、全方位的生态圈众筹平台。

众筹网开辟的这条道路，显然还在试行阶段，需要拉动更多的支持者投入到这项创新活动中，相信它会将这条路越走越宽。

以上是对国内知名众筹网站的简单介绍。从中可以看出，众筹这种互联网金融模式，在中国尚处于婴幼儿阶段。也许在度过了摸爬滚打的阶段之后，它就能站立起来，飞快地奔跑。

4. 玩转众筹投资

或许你才刚刚接触到“众筹”这个概念，然而许多众筹平台已经在国内做得风生水起了。比如像天使汇、点名时间等十分知名的众筹平台，从2011年成立至今，已经有三四年的发展历程。那么，对于刚接触到众筹的“菜鸟”们，如何才能像许多资深的众筹玩家一样，轻松玩转众筹投资呢？这里将会和大家分享一些比较实用的“玩法”。

● 众筹平台的选择及注册

首先面临的就是众筹平台的选择问题。有关统计表明，中国已拥有大大小小超过500家众筹平台，有专门只做众筹的平台，也有兼营众筹业务的平台。那么，面对五花八门的众筹平台，投资者该如何抉择呢？虽然选择权在自己手里，但是不要浪费或者随便行使这个权利，毕竟这是决定你能否获得预期投资效果的第一步，也是最关键的一步。

投资者在选择众筹平台的时候，建议做到以下几点。

（1）选择资质高的大型众筹平台。

这一条几乎适用于所有投资理财平台的选择。为什么要选择大型、资质高的平台？其实就是为了安全，因为这样的网站更规范。就像生活中，我们在购买家用电器或者其他日用品的时候，也会选择购买大品牌的产品一样。这里并不是说小品牌或者没有品牌的产品就一定是劣质产品，只是相比之下，大品牌的产品在研发、生产、销售、售后等各个环节会更加规范化、标准化，能让用户更加放心。毕竟一个品牌的建立是一个长久且艰辛的过程，品牌之所以能够成为知名的品牌，高标准、优质化的产品和服务是必需的，这也正是用户所需要的。

通过品牌的例子，你对选择一家资质高的大型众筹平台的必要性应该有了一定的认识。那么，这种平台会给你带来哪些实在的安全感呢？一方面大型平台的专业化运营能给你提供高水平的服务。比如这里有专业的投资指导人员，有了他们的指导，你选择的投资项目安全性也会更高，经过他们审核的众筹项目也会更加可靠。另一方面，大型平台所提供的选择项目更加多样化，投资者可以根据自己的喜好挑选适合自己的投资项目。

（2）明确你“玩”众筹的目的。

我们知道，众筹主要有五大模式，每个模式的侧重点不一样：募捐制众筹是公益性质，借贷制众筹主要是收益性质，股权制众筹是股份性质。在投资众筹之前，你要明确一点，你到底想在众筹中获得什么？金钱，人脉，股权，还是其他你认为有价值的东西。

有些人可能只是简单地把众筹当作投资理财的一种方式，想要获得比其他理财方式更高的收益。那么建议你选择借贷制众筹平台，或者刚刚兴起的收益制众筹平台，这两类众筹的融资方均会以收益作为对投资者的回报。但是，对于很多人来说，众筹并不是一个投资理财平台，而是一个实现梦想的舞台，是一个安放同情心的情感港湾，是一个活泼热闹的聊天室等。那么，对于你来说，众筹是什么呢？在考虑清楚之后，才能选择出适合你的平台。

挑选出适合自己的众筹平台之后，就可以注册成为该平台的会员，开启属于自己的众筹之门了。那么，如何注册众筹平台呢？下面就以国内股权制众筹代表——天使汇的注册过程为例，实际演练如下。

步骤一，首先，在搜索栏输入“天使汇众筹”，点击搜索，找到天使汇平台。

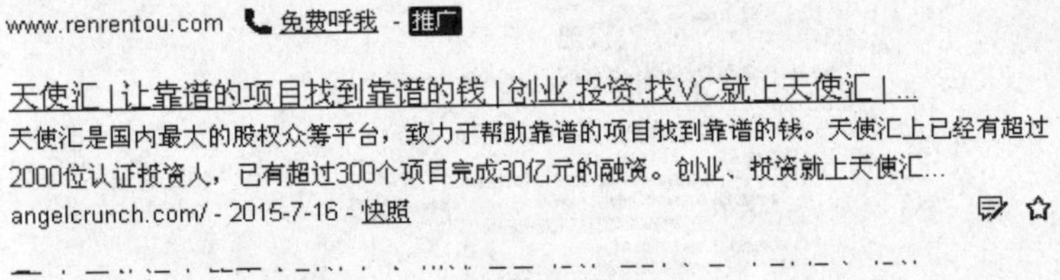

图 5-4-1

步骤二，点击进入天使汇平台首页。

图 5-4-2

步骤三，然后点击右上角的“注册”，开始注册。

步骤四，进入注册页面，填写页面需要填写的注册信息。

图 5-4-3

图 5-4-4

步骤五，信息填写完整后，点击最下方的“创建并完善账号”，完成注册。这样你就拥有了天使汇的账号，成为一名天使投资者了。

● 众筹项目的筛选及分析

众筹在中国发展迅速，国内成长起来的大大小小的众筹平台有几百家，这几百家平台里有多少众筹项目，就更无法想象了。作为投资者，面对浩如烟海的众筹项目，如何才能看清投资项目的本质，做出适合自己的选择呢？这就需要投资者学会像沙里淘金一样，经过严谨的研究分析，才能精选出有价值的项目。

具体的分析和筛选方法有以下几种。

（1）是否经历了“严格”的评审。

目前，许多正规的众筹平台都有属于自己的专业投资评审机构，对融资者提供的项目进行严格把关，信息不明确、项目实施性不强等不符合平台硬性标准的项目不予上线。这些评审团成员拥有专业评审资格，对于是否符合上线标准能够准确把握。

我们在选择项目的时候，要考虑这个项目是否经历了严格的评审，才获得在平台“露面”的机会。如何知道项目是不是经历了这样的检验，就要仔细研究你选择的众筹平台。通过平台项目介绍或者咨询客服，了解该平台是否具有高级“评审团”，就能了解该项目是否经历了这道程序。

（2）是否有“领投”。

刚进入众筹领域的菜鸟们，对于纷繁的众筹项目肯定会有点云里雾里。即使你是奔着某个投资目标去的，比如想要扩展人脉，但是平台上这样的项目有很多，你该如何选择适合自己的呢？在这个时候，如果每个项目都有“领投”，你就会减少很多烦恼。

“领投”一般是由资深的众筹玩家或者平台专业人员担任。领投人拥有多方面的专业技能，就像生活中跟团旅游的导游一样，带你到你想参与的项目那里，详细解答你想要了解的问题。

一个有领投的项目平台，绝对是菜鸟级众筹玩家的首选平台。因为此时的你需要有个引路人，学习如何快速入门众筹，然后摆脱菜鸟头衔，进入资深玩家之列。资历出色的话，后期成为领投也不是没有可能。

（3）是否足够成熟。

一般众筹平台上会有很多上线项目，但是真正能做大做强的项目却屈指可数。原因在于大多数项目只是一种“美好”的想法，或者是因为实施措施还处于不切实际的阶段，甚至还需要投资者去给予相关的建议。这样的项目处于比较幼稚的“婴幼儿”阶段，创意、组织、实施措施、风险保障等方面尚未形成成熟的体制，还需要进一步完善，以达到让更多投资者认可的目的。

作为新手，建议你首选比较成熟的项目作为投资对象。一个成熟的众筹项目风险相对较小，并且大都经过专业测试，可操作性很强。无论你在众筹项目中想得到什么，你肯定希望自己投出去的钱能够发挥出相应的价值，而不是被项目发起人忽悠或者因为项目运作不善而打了水漂。

● 众筹项目的投标流程

注册了某众筹平台的账号之后，通过以上介绍的方法筛选出了你心仪的众筹项目，那么如何进行投资呢？下面仍然以天使汇为例进行讲解，具体操作步骤如下。

步骤一，进入天使汇首页，浏览融资项目，然后选择自己心仪的项目，点击进入。

图 5-4-5

图 5-4-6

步骤二，点击进入项目，查看项目的基本介绍（这里以飞行圈为例）。

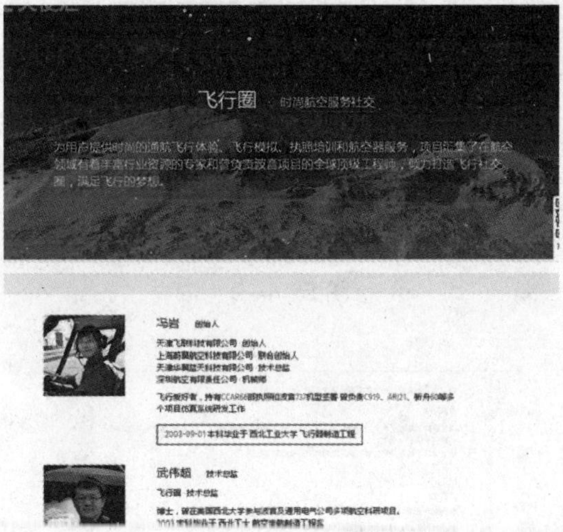

图 5-4-7

步骤三，想要投资这个项目，点击下方的“申请成为投资者”进行认证（天使汇众筹平台对于投资者的要求比较高，一般项目都需要成为认证投资者之后才能进行投资。非认证投资者无法查看融资项目的具体信息）。

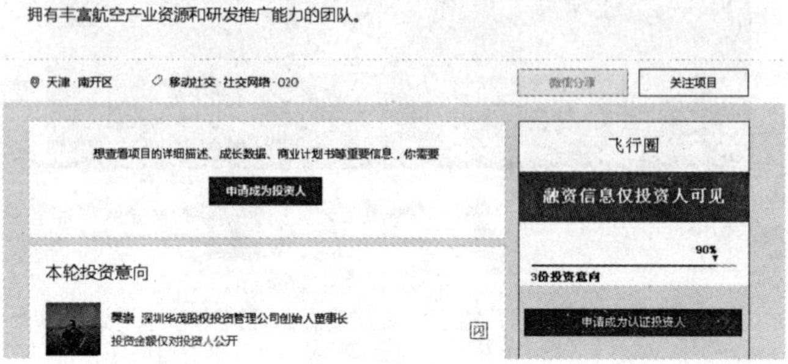

图 5-4-8

步骤四，进入认证页面，填写相关信息以及需要上传的证件（在投资者类型里，你可以根据自己的经济状况选择相应的类型）。

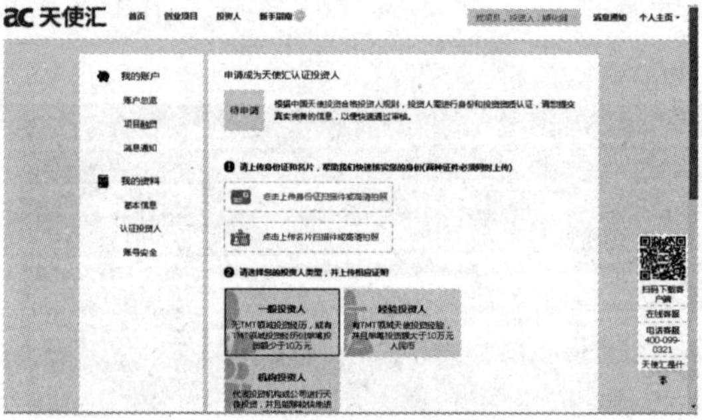

图 5-4-9

图 5-4-10

步骤五，信息以及资料上传完成后，需要等待系统核验。核验成功后，就可以进入项目，查看详细信息，然后再决定要不要投资（由于认证过程牵扯到的个人隐私比较多，因此后面的步骤不再一一演示）。

天使汇是典型的股权制众筹平台，也是门槛比较高的众筹平台。投资者选择这个投资平台，主要看中的是融资企业的股权以及公司项目稳健良好的发展前景。与其他众筹模式相比，虽然投资的目的不同，融资项目的表现形式也有所不同，但是其投标流程大同小异，主要是筛选出项目之后，把资金转到相应的账户里。通过众筹筹集的资金一般由平台托管，分批次发放给融资者，这也是对投资者和融资者的一种负责任的态度。

完成支付步骤之后，一般投标过程就结束了。有的项目可能需要投资者与融资者双方签订协议合同，比如某些借贷制众筹，签订的协议是具有一定法律效力的凭证，以防借款方跑路等违法行为的发生。

在众筹投标过程中，需要注意的是，要明确该项目对你的“好处”，也就是你能从中得到什么。之后要对项目有全面正确的把握，最好能和领投人或者项目负责人直接沟通，获取第一手信息。在操作上，要有对支付信息的保密意识，注意清理上网痕迹，防止重要信息泄露。

● 投标后的兑现把控

完成投标之后，相信投资者最关心的就是自己付出的“努力”得到了怎样的收获。无论你投资的是哪一种模式的众筹，你总是心有所图的，不是吗？那么你的愿望“实现”了吗？如果你投资的是股份制众筹，那么该如何获得融资公司承诺的股权或者相应的收益呢？

下面以京东众筹平台为例，简单说明一下，以便让你“兑现”投资收益的过程有路可寻。

步骤一，登录京东金融首页，找到京东众筹，选择你喜欢的众筹模式（比如股权众筹等），点击进入（这里以产品众筹为例）。

图 5-4-11

步骤二，进入页面后，会看到许多正在众筹中的产品，选择你感兴趣的产品进入查看。

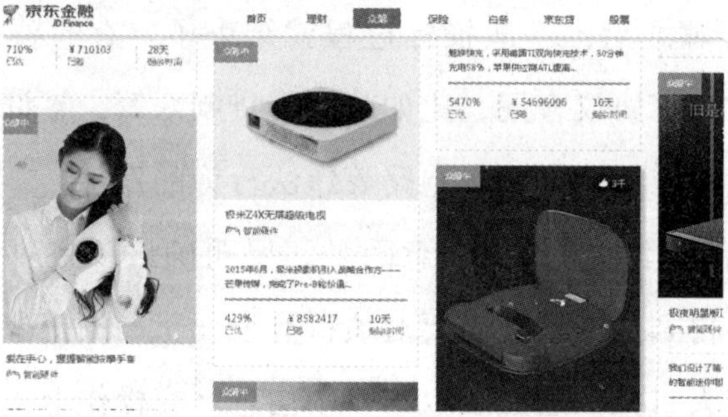

图 5-4-12

步骤三，进入产品页面，详细了解产品的性能后，再支付你想要支付的数额。

图 5-4-13

步骤四，不同数额的支持度，会有相应的回报标准（这里以支持该产品 1 元为例，你获得的回报是免费产品一件）。

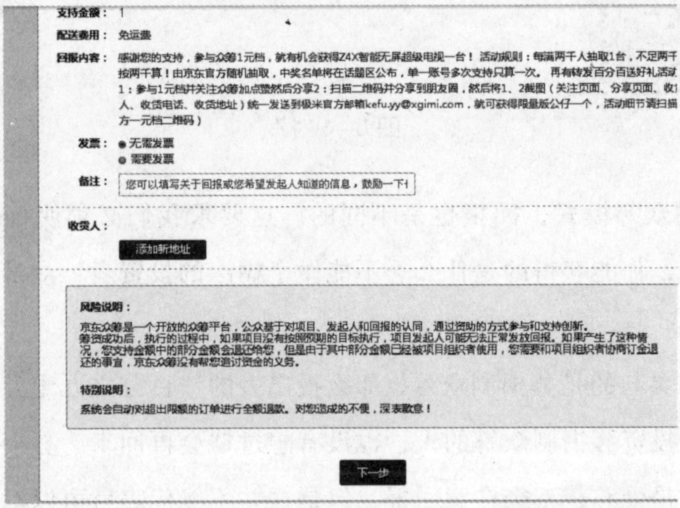

图 5-4-14

步骤五，投资完成之后，要时刻关注该项目的发展近况，如是否获得了成功，你的奖励何时能够兑现等。一般产品的众筹进度呈现如下。

图 5-4-15

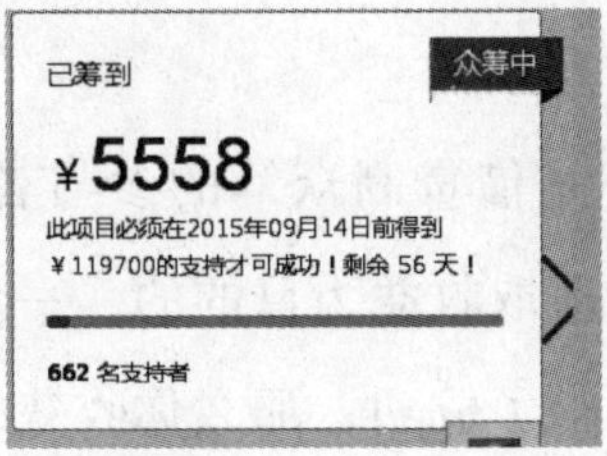

图 5-4-16

步骤六，你也可以登录个人账户，在“我的众筹”里查看自己所参加的众筹项目有没有反馈给你回报。

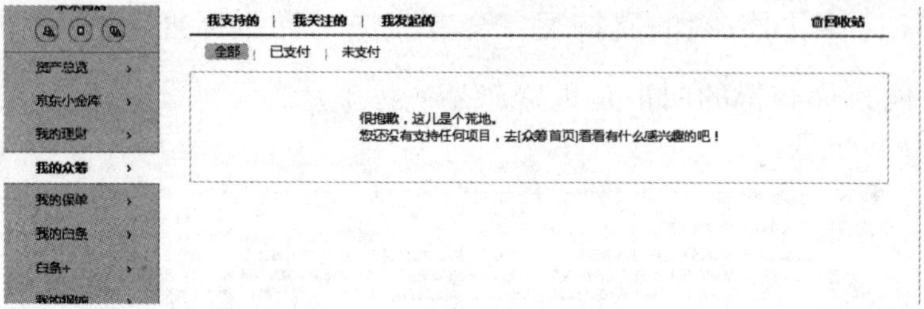

图 5-4-17

不同的众筹模式，回报也是不同的。这要求我们必须明确一点，众筹项目成功后，你能获得的是什么。不能做个糊涂的投资者，众筹需要“精打细算”。

如果你参与的是募捐制众筹，那么投出去的钱百分之九十九有去无回。当然，作为投资募捐制众筹的人，也没有想过钱会再回来。募捐制众筹的参与者奉献的是爱心，不会在意回报，但是这并不能代表就可以对项目不管不问了。对于这类众筹模式的投资者，建议密切关注众筹项目的进展情况，了解你的爱心有没有真正传递出去，还需不需要你后续的支持等。

如果你购买的是奖励制众筹，那么是否得到了项目融资者承诺的“实物奖励”？实物奖励无论是一张专辑，一本书，亦或是一张购物券，都需要你做到心中有数。

如果你是借贷制众筹的参与者，就更需要仔细核对收益了。因为借贷制众筹是以获取收益为目的的，一切以收益作为投资活动的标准。如果你投资的项目获得了成功，那么你收获的将是本金加利息。万一众筹失败，你也要随时关注本金有没有及时返回。

5. 玩转众筹融资

如果你在众筹平台的目标不仅仅是做个投资者，也想通过众筹这个天使般的平台实现自己的梦想，筹集创业资金，那么你该如何做呢？

● 众筹项目的规划

如果你想做众筹，首先要明确的一点就是，你众筹的目的是什么？是单纯的融资，还是为了宣传自己的创意，亦或是为了寻找志同道合的朋友？不同的众筹模式，项目规划的表现形式会有所不同。想清楚了众筹的目的，才能着手设计你的众筹项目，做到有的放矢。

明确了目的之后，就要对项目进行详细的规划，以此说服投资者投入资金。比如，你想做一个股权制众筹，这就需要你的项目有足够的说服力与可行性，让投资者不惜冒着风险来支持你的项目，甘愿向你“一掷千金”。那么，如何设计出一个让“围观者”都觉得很靠谱的众筹项目，让他们热捧呢？

（1）项目实施步骤具体化，实用化。

一个成熟有魅力的众筹项目规划，绝对不是为投资者和自己编织一个虚无缥缈的美梦，必须是看得见、摸得着的实实在在的有触感的东西。许多众筹项目的投资者缺乏众筹经验，或者抱着“玩玩”的心态来到众筹平台，随随便便发起了一个众筹项目，然后就如同石沉大海般没有了下文。这种项目每天都有上线，但是真正成功的屈指可数。原因在哪里？就在于项目的规划过于幼稚，项目的实施步骤虚化、完美化。

不要把投资者都想象为“发烧友”，相反，绝大多数投资者都拥有聪明的脑袋和犀利的目光，作为“天使”的他们，只拯救那些有价值的“灵魂”。那么，你的“灵魂”有价值吗？众筹项目最忌的就是空谈，它需要实在的内容，对于投资者亦是如此。

在规划你的众筹项目时，一定要注重实际：你的项目受众是谁？他们最需要什么？项目规划的实施步骤中会遇到哪些问题？该如何解决？你的项目成功率大概有多高？这些问题都是要在你的规划中体现并且需要你解决的。如果不是很清楚，事先做个市场调查也是不错的选择。总之，这些步骤要足够实际可行，这是决定众筹项目成功与否最关键的地方。

（2）加点“走心”式宣传。

首先，你要明确的是，在规划众筹项目时，有一点千万不能忽视，那就是宣传。在这个“酒香也怕巷子深”的年代，如果不注意宣传，你的项目即使再优秀，也不会有多少人知道。人们每天生活在信息爆炸的环境里，每天被各种销售广告、八卦消息、娱乐头条等信息“轰炸”，久而久之，已经忘记了自己被“轰炸”的事实，而是习惯了这种接受信息的方式。

这里并不是批判生活中的这种宣传是多么恶劣，而是提醒大家，要有能力去筛选信息，做个有取舍的信息接受者。作为众筹项目的发起者，更要了解大众的这种心理，重视宣传的作用。

那么，什么是“走心”式宣传？简单地说，就是能抓住投资者的“泪点”。不是说让其感动到流泪，而是抓住能让他感兴趣的地方，让他爱上你的设计，爱上你的创意，从而投资你的项目。这种效果一旦实现，你的众筹项目就成功了一半。因为拥有了投资者，就有了资金，也就有了把项目变为现实的可能。

那么，如何做到“走心”式宣传呢？这里提供一个实用的方法，比如你可以编写一个有关自己众筹项目的故事。在这个故事中，最好有你自己的真实经历。比如你是如何挖掘出这个项目的，因为什么想要继续这种梦想。加入这些情节，特别能够吸引与你有相似经历的投资者，通过这种方式吸引来的投资者，很有可能发展成为你的“铁杆粉丝”。

● 众筹项目的发布

众筹项目规划完成之后，接下来就要进入众筹项目发布环节了。项目的发布不仅是一个简单的技术活，还需要你动点儿脑子，用点儿心，这样才能让你的项目“闪亮登场”。

首先，面对的第一个问题是，你选好平台了吗？这是一个很现实的问题，就像你的孩子年龄达到上幼儿园的标准了，但是你选好幼儿园了吗？还是打算自己在家里教育他（她）？你的众筹项目就像你的孩子一样，精心打造好了之后，就要给它找一个靠谱的“幼儿园”。你身边有许多知名的幼儿园，也有许多知名的众筹网站，综合考量之后，建议你还是选择那些大型的众筹平台安放你的“孩子”，毕竟能够图个安心。当然，如果你觉得有些网站的门槛高，或者怎么也不放心把“孩子”交给外人，也可以选择自己带，通过社交网站发布项目，随时把控项目的走向。

其次，你还要考虑一下你的众筹项目有没有触及国家相关的法律红线。

因为通过众筹融资，非常容易与非法集资相混淆，它们之间的界限并不明显。国家对于这方面的行为监管有余，立法不足，这种状况对于众筹的发展显然是不利的。出于稳妥考虑，建议你在项目发布之前，最好能够找到相关专业人员，对项目的法律风险进行全面评估，以避免因为违法等问题导致项目不能上线。

选好了发布平台，接下来就剩下技术活了。如何在一个平台上完整发布自己的项目？其实各平台大同小异，只是不同的众筹模式，在具体的操作步骤上会有些许变动，但是总体来看相差并不大。

以下就以众筹网的项目融资为例，实际展示一下发布流程。

步骤一，首先在搜索栏输入“众筹网”，点击进入页面。

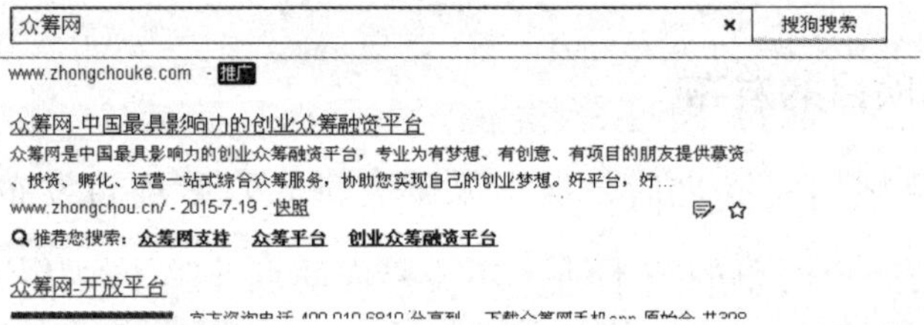

图 5-5-1

步骤二，在主页面上方点击“发起项目”。

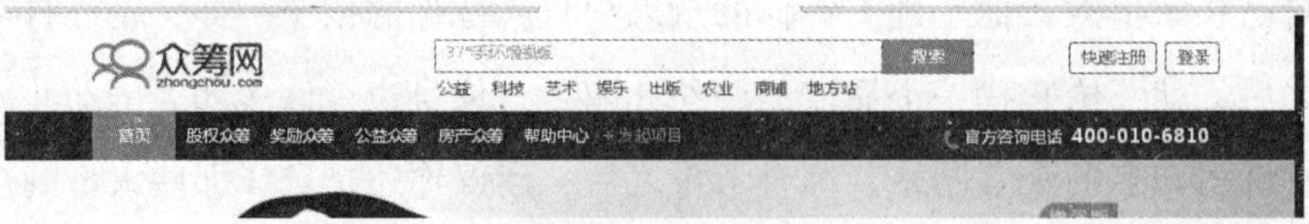

图 5-5-2

步骤三，选择你想发起的众筹模式，然后点击最下方的“发起我的梦想”（众筹网如今只支持奖励制和股权制众筹模式。如果你发起的是其他模式的众筹，就需要选择其他平台。这里以股权制众筹为例进行说明）。

图 5–5–3

步骤四，登录注册页面。如果你还不是众筹网会员，需要点击右侧的“快速注册”，注册一个账号才能登录。如果你已经是会员，直接点击“登录”即可。

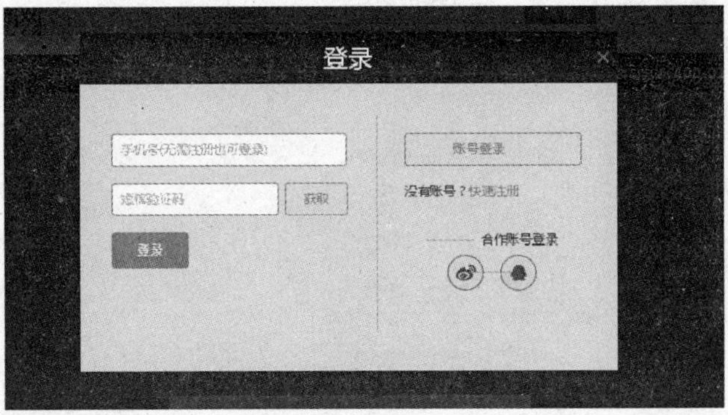

图 5–5–4

步骤五，成功登录后，点击“发起项目”，平台会提醒你进入实名认证页面。填写信息之后，就完成认证了。

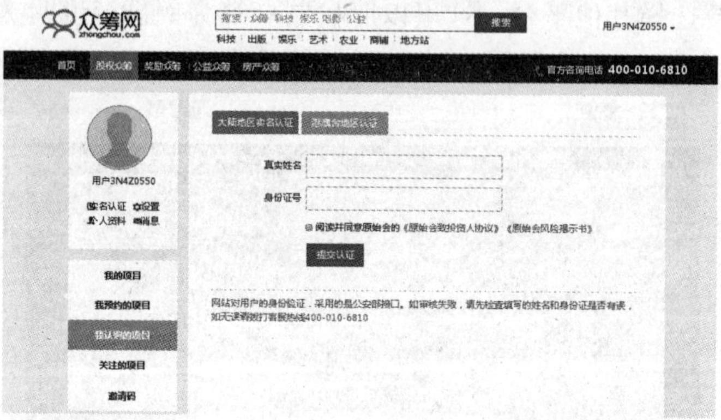

图 5-5-5

步骤六，认证成功后，点击上方的“发起项目”，进入项目发起页面。

图 5-5-6

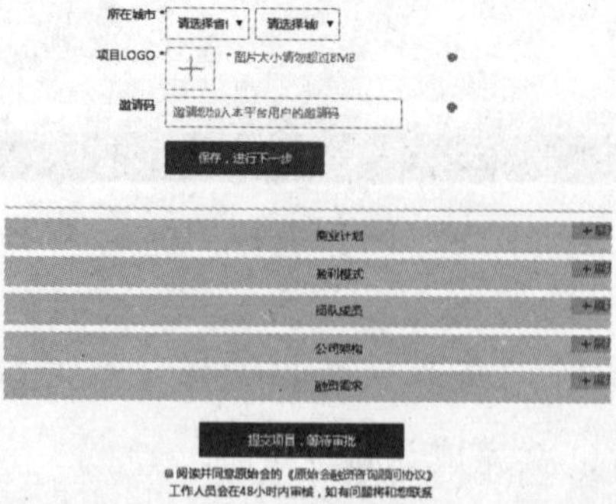

图 5-5-7

步骤七，项目内容填写完整之后，点击“提交项目，等待审批”，48小时后会有审批结果。在此期间，你只需要耐心等待即可。审批通过后，就完成了项目发布。没有通过审批，可以根据修改意见进行修改，之后重新发布。

● 众筹项目的推广和实现

项目发布成功之后，接下来要做什么呢？当然不能让项目“躺”在平台上守株待兔。投资者不是傻乎乎的兔子，你也不能做个懒惰的农夫，那么，如何操作才能让投资者主动来到你的“树下”，“围观”你的项目呢？这就是下面要介绍的项目的推广与实现。

一个项目成功发布之后，要努力去推广它，才能让它被更多的人关注。获得曝光率，才能快速成长起来。宣传是贯穿整个项目流程始终的，毕竟你的项目是要拿到平台上去卖的，能不能卖得出去，不仅要看项目的质量，还要看你有没有对它进行必要的美化包装。

那么，如何包装你的项目，才能让它看上去更精致、更美丽、更有吸引力呢？可以从以下几个方面来尝试。

（1）深挖项目价值。

项目价值的大小，决定了它能够吸引多少投资者。除去风险等方面的因素，价值高的项目当然会赢得更多人的青睐。你所设计的众筹项目的最大价值或者附加价值在哪里，能给予投资者怎样的好处？不要忘了，众筹属于互联网投资领域，没有利益作为“红娘”，投资者怎么会相中你的项目呢？当然，这种利益不仅仅指常规的金钱物质方面，还有精神情感方面。但是无论哪种形式，最终都是要与利益挂钩的，能够给投资者带来利益，才会让投资者与融资者“两情相悦”。

其实，关于众筹项目的价值，在项目设计初始，你就应该明确。只是在那个阶段，项目价值是做给众筹平台看的，项目发布之后，你就要把它拿给投资者看。这个时候，你需要提炼出项目最精华和最能吸引投资者的部分来做宣传，让他们知道该项目能给他们带来什么利益。

以股权制众筹项目为例，你的项目所能提供的股份与收益如何？比一般的此类项目收益高吗？如果股份额度与预期的收益没有特别的优势，那么在其他方面，比如风险程度，投资门槛，或者投资者的限制等方面有优势吗？如果这些都没有优势，那么就要考虑你的项目是否足够有创意，或者有美好的发展前途。

相信你的项目总有一些独一无二的亮点，你所要做的就是找到它，让它变得更加耀眼。

（2）增加众筹参与感。

众筹项目推广，关键就在于能否吸引大量的投资者。如何吸引他们，让他们对你的项目感兴趣，不仅要靠项目本身的优越性，还可以通过开展一些小活动，增加项目投资者的参与感。

怎样做才能增加项目投资者的参与感，让他们觉得这里是个温暖的家庭呢？运用一些小技巧，就能很好地营造这种氛围。比如，你可以在众筹平台上发布一些有关项目改进的新想法，请求投资者给予相关的建议，或者直接以某种改进为目的，征集他们的创意，采用后可以发放一些小奖品作为奖励。

另外，还可以写一些有关发布该项目的心得体会与未来展望等，与投资者互评点赞。甚至可以定时发布一些行业的相关专业知识与前景展望，或者娱乐笑话，也能起到活跃气氛的作用。

6. 深化价值，众筹不光能筹钱

众筹，只是简单地把大家的钱筹集起来为自己所用吗？从众筹在国内的发展趋势来看，显然不仅仅是简单的筹钱那么简单。众筹的到来，其实是开启了一个大众创业、万众创新的新时代。

对于投资者来说，众筹更多地是把投资门槛降到最低，给予投资者更多的投资空间。对于融资者，也就是众筹项目发起人来说，众筹则给予投资者一个更自由、更广阔、更便捷、更低廉的创业平台。我们要抓住这个机遇，深入挖掘众筹的价值，这样才不会辜负这个伟大的创业时代。

● 用众筹模式进行产品发布和推广

有人曾“痛心疾首”地批判众筹实质上就是类似淘宝、京东这样的网上商城的预售与团购，把“淘宝”挪了个地方，换汤不换药。这种观点有其合理的地方，因为它看到了众筹其中的一种表现形式。但是从总体来说，这种观点是不合理的，因为它只看到了表面现象，没有看到“预售”模式下深埋的更大价值。

“预售”只是结果，产品创意才是其目的。的确，对于产品融资者来说，众筹为他们提供了一个很好的产品发布平台，这个平台或许不是最亮眼的，却是成本最低、最便捷的。在这里，只要你的产品足够有创意和可行性，并经过了平台的审核，那么你就能成为产品项目的发布者，成为一个名副其实的创业者。

产品创意是你发布项目之前要认真规划的，创意是产品的灵魂，也是硬指标。这也是众筹平台上发布的产品与淘宝、京东等产品预售不一样的地方。众筹“卖”的是创意产品，甚至是前所未有的产品，而淘宝卖的是实用产品，至少是生活中已经存在的产品。

众筹产品发布之前要注重创意，发布之后则要注重推广。发布产品，主要是为了筹钱，其实也是为了“筹人”，因为有人就有钱，有钱就能让产品“出生”，让梦想孵化成现实。那么，产品发布者如何有效推广自己的项目，让梦想加速孵化呢？

首先，作为梦想发起者，永远要做产品最狂热的粉丝。如果你自己都觉得项目不够有创意，不够有说服力，那么谁还敢去投资你的项目呢？因此，你必须是自己最忠实的支持者，把你投注在产品上的热情传染给每一个围观者，让他们感受到你和产品的魅力。

另外，要把众筹平台给予你的小小舞台像家一样用心经营，产品项目是你创造出的孩子，投资者是你的家人，而你则是这里的家长。你可以通过发问候、奖品、演说、留言等方式，与家人进行互动，增进彼此之间的感情，用家的温暖留住每一位归来者的脚步。

其次，要学会向众筹平台“求救”。先来明确一下作为项目发起者的你与众筹平台之间的关系。你的项目要在众筹平台发布，众筹平台为你提供一个展示项目的舞台，甚至为你提供大量的客户资源。众筹项目则是众筹平台的重要组成部分，平台需要创意项目支撑。

作为项目发起者，你要知道，平台需要你，也很乐意帮助你成长。因此，在产品发布前，可以与平台负责人深入沟通，了解平台能够为产品推广做出哪些“贡献”，然后再根据自己的情况，选择合适的推广方法。

● 用公益众筹宣扬企业理念

众筹，对于项目发起者来说，不仅能发布新产品，对于宣传企业文化理念也有很大的帮助。如果众筹项目不是以个人而是以一个企业为单位发起的，那么该项目关注的重点就不是一个产品的推广与热卖，而是企业的发展与前途。股权制众筹就是很好的例子，这种项目不是为了推销企业生产的产品，而是为了让企业更好地发展。

如果你想宣传企业理念与文化，能不能通过众筹模式来实现呢？当然可以！公益众筹可以帮你实现这个梦想，而且不夸张地说，再也没有比众筹平台更便宜的企业宣传平台了，因为大多数众筹平台都是完全免费的。

公益制众筹项目和其他众筹项目一样，需要在众筹平台上发布项目，然后让更多的投资者来“围观”。如果能以某企业的名义发起某种公益性质的众筹项目，不仅能帮助更多需要帮助的人，传递正能量，还能达到提高企业形象、更好地宣传企业理念的效果，可以说是两全其美的好事。

既然是两全其美的好事，那是不是已经有很多企业纷纷效仿了呢？当然，已经有很多企业加入到了这场竞争中，发起了许多类似的公益众筹。比如，腾讯公司发起的“为盲胞读书”的公益项目，新希望乳业通过官方微博发起“你点1个赞，我捐1元钱，为300名孤儿筹专属体检”的公益众筹活动。这些活动无疑让大众在关注活动的同时，也关注了发布活动的企业，并且为企业做的这些公益事业产生敬意，从而更加支持该企业。

是不是所有企业都可以发起这样的众筹，达到宣传企业理念的效果呢？当然不行，如果这种方法被滥用，结果只能让投资者感到麻木甚至厌烦。那么企业在使用这种方法时应该注意什么？怎样才能让“见多识广”的大众觉得你不是在作秀呢？

首先，一定要从企业自身出发，开展与企业经营相关的公益活动。就是说，如果你的企业是卖牛奶的，那么你可以开展让贫困儿童每天喝上一杯奶的公益活动，而不是去支持什么快男快女唱歌活动，为他们募集公益基金。前者显然比后者更能让大众有投资的愿望，也能更好地宣传企业品牌。

其次，企业要避免过多地强调自己做了哪些好事，而是要更多着眼于社会问题本身。比如，某企业为偏远地区的儿童募集图书，让偏远地区的儿童能够通过书本了解外面的世界。那么，该企业就不该一味地强调他们募集了多少本图书，发放到了多少个地区等，而是通过这次公益活动，让大众了解到这么一群渴望知识的孩子面临的困窘状态，深入探讨解决这个社会问题的办法。如此才能让观众转移关注点，不再纠结这是不是一场作秀，在潜移默化中，让观众接受企业的价值理念。

● 用众筹项目玩创意营销

如果说众筹是预售平台，那么众筹自然也是营销平台。因为有产品就要有销售，为了更好地进行销售，就要有营销手段。众筹平台的确是需要营销手段的平台，有些众筹项目需要推广自己的产品，而所有的众筹项目都需要“营销”才能被更多的人知道。

众筹项目营销拼的不是“大嗓门”式的宣传，也不是清仓甩卖的价格战，而是别出心裁的创意。在众筹平台里，价格与价值都不是投资者最看重的，他们最看重的是你的项目是否足够有创意，是否能够吸引他们，让他们惊叹你的意外发现。如果你的项目做到了这一点，那么你的产品自然会像明星一样受人追捧，融资成功也就指日可待。

当然，想要受万人追捧并不是一件容易的事。首先，你应该认识到，受人追捧靠的不是营销手段，而是众筹项目令人耳目一新的创意。营销是创意的结果，而不是目的，创意才是投资者追求的。这里一再强调创意，并不是鼓励你去天马行空地幻想，而是要求你的项目必须与实际相结合，强调项目产品的实际使用价值。这种创意产品不仅是为创意而生，还要为服务大众的生活而生。能否给人们的生活带来实际的益处，是你在设计项目时必须要考虑的因素，否则这种产品是不会有人愿意购买的，可能只是昙花一现，淹没在又一批更加稀奇古怪的创意浪潮中。

众筹鼓励项目发起者具有创意，因此，当我们的脑海里突然蹦出了一个“古怪”的创意时，那么不要让灵感流失，抓住它，把它带到名为“众筹”的大家庭里，这里就像是一个创意收纳盒，给你足够广阔的平台，让你能够展示你的创意。

众筹不仅仅是筹钱的平台，筹钱只是众筹产生的一个结果。其实众筹筹集了太多的宝贵资源，比如创意、人脉、知识、经验等，更重要的是筹集了梦想。这里有那么多彩色的梦想，一定比金钱更有吸引力。

7. 众筹五大趋势，投资新机遇

2011 年，众筹这种互联网金融模式正式进入中国市场，从此便一发不可收拾，展现出一派如火如荼的发展景象。但是与国外众筹发展情况相比，中国的众筹还处于比较幼稚的“婴幼儿”阶段，很多方面有待进一步的发展与完善。结合其发展现状，可以对众筹的发展前景做一下展望。

● 服务综合化

如果问你天使汇、众筹网等这些国内众筹平台是做什么的？大部分人会回答：不就是让投资者找到投资项目，让投资项目找到投资者的平台吗？

在大家的印象里，众筹就像是一个红娘，把投资者与融资者介绍相互认识，之后就一切随缘，撒手不管了。如果这个红娘是个体户或者只是兼职做红娘，那么我们对这种做法无可指责。如果她是某婚恋公司的职员，那么要么她被炒掉，要么这家婚恋公司不想再开下去了，因为他们提供的服务太差劲了。

这个例子就相当于如今中国的众筹平台，绝大多数众筹平台并没有给投资者或者项目发起者提供更优质、更加全面综合的服务，而是仅仅做了上述的“红娘牵线”服务，当然无法得到人们的认可，生意自然也不景气。这也是国内几百家众筹平台，真正做得好的却屈指可数的原因所在。可以说，这些众筹平台失败的原因就在于，它们只是闲散的个体户或者是不怎么专业的“婚恋公司”，要想吸引更多的人和项目，就必须继续“修炼”，成为专业的、有组织的、综合化的服务公司。

众筹平台想要有好的前景，必须适应大众的需求，提供更多可供选择的服务，做到服务综合化。目前，国内的一些大型知名众筹平台已经在朝这方面努力发展，比如为了保护平台安全、控制风险而设置了投资者认证制度，领投、跟投制度，还有一些平台为投资者与融资者提供咨询服务等。这些举措让我们看到了平台的努力，但是在众筹项目规范化、优质化，投资者与融资者进一步了解，以及项目融资成功后的走向等方面，众筹平台仍然需要做更多的工作。

● 社交化

众筹平台的社交化发展趋势，是大家有目共睹，也是毋庸置疑的。其实许多人玩众筹就是奔着发展社交关系、扩大人脉的目的去的，这在众筹平台建立初期就已经体现出来。甚至在众筹平台出现之前，就已经有人在各种社交网站上做起了类似众筹的活动，比如为某个不幸的人献爱心等活动，在朋友圈早就不是什么新鲜事了。只是众筹平台的出现，让这些活动有了更好的去处，更容易把大家集中起来，形成规范化的队伍。

社交化，是众筹与生俱来的天性。毫无疑问，众筹的发生必定会引起人与人之间的交流，因为众筹本来就不是一个人的事，至少是融资者与投资者两个人的事。如果众筹项目足够吸引人，那么就是一个融资者与 N 个投资者的事。现在以企业团体等方式进行融资的项目越来越多，所以众筹又变成了N个融资者和N个投资者的事。这么一大群人在一个小小平台里，为了一个有创意的项目相聚在一起，他们除了聊与项目有关的话题，自然也会偶尔谈谈人生，谈谈理想。

众筹项目可能融资成功了，也可能遗憾地以失败告终，被迫“下架”。但是，在这个圈子里的人却混熟了，毕竟他们曾经因为共同的兴趣和爱好欢聚在一起。如今无论失败与成功，积累的人脉也不会随着项目的结束而中断。

可以说，众筹平台和社交平台有许多共同之处，都是在某个固定圈子里聚集一群人，只是在社交平台上所聊的话题可以天马行空，也可以以某个话题畅所欲言，而众筹平台的话题则是以某个众筹项目为主。

众筹本质上与社交有着不可分割的关系，所以无论众筹未来朝哪个方向发展，社交化绝对会始终伴随在它的左右。别忘了，众筹的“众”字就暗含了你玩众筹，就不用担心会孤独这层意思。

● 垂直化

什么是众筹的垂直化，恐怕大多数人都不太清楚，其实简单来说就是信息的垂直化。互联网时代，也是一个信息爆炸的时代，每天我们接触到的信息，可谓是数以千计。打开电脑，各种碎片广告飞来飞去；走在大街上，各种滚动字幕晃来晃去；甚至路边的栅栏上，都贴满了各种小广告。

这种铺天盖地的信息，如果你全部吸收，估计大脑和眼睛都会承受不起。

互联网的发展，曾经帮助许多企业实现了管理扁平化，改变传统的一级一级垂直化复式管理，不仅极大地节约了管理成本，还提高了工作效率。

然而，也正是为了节约成本，众筹出现了垂直化的信息模式。未来众筹不仅会继续保持这种特点，还会进一步地细化，明确垂直化的信息模式。众筹平台将是投资者与筹资者相互挑选的平台。

一个大型平台将会有数量十分庞大的众筹项目，作为投资者，当然无法一一全面了解。这个时候，我们绝对不需要扁平化的信息直接呈现在眼前，而是需要垂直化的信息，让我们清晰地知道自己想要的项目在哪里。比如，你想玩奖励制众筹，那么在平台主页的模式分类栏里就能找到奖励制众筹，点击进去就能找到你需要的项目。

垂直化，就是用最少的点击量获得最大化的信息，让平台达到精、简、小的效果，让用户在第一时间获得最想要的信息，减少其他无关信息的干扰。如果众筹平台能够做到最大限度地垂直化，那么平台运营将会降低许多成本。平台信息整合后，用户使用起来也会更加便捷，自然会吸引更多的客户。

● 营销化

众筹，为创意而生，只是这种创意必须以某种产品或者项目的形式表现出来，而且需要投资者的支持与购买。也正是因为这种表现形式，让许多人调侃众筹是变相的“团购”“预售”。其实这么说也无可厚非，无论众筹项目多么优秀，如果没有投资者的“购买”，也只能停留在一个美丽的想法层面上。

要想让想法转变为现实，项目发起者甚至是众筹平台都要懂一点营销手段。对于项目发起者来说，自己的项目如果受投资者喜爱，就能够快速融资成功，把梦想变为现实，这是每一位众筹发起人梦寐以求的事。对于众筹平台来说，平台上的项目能吸引更多的投资者，项目的融资成功率越高，那么这个平台自然会吸引更多的融资者加入，如此良性循环，平台想不火爆都难。

必要的营销技巧能够加速实现上述愿望。提高营销水平，也是今后众筹平台的发展趋势之一。无论是项目发起者还是平台自身都需要营销，今后的众筹平台竞争，自然少不了营销水平的竞争。要想在几百家甚至上千家众筹平台里脱颖而出，不仅靠综合化的服务，垂直化的平台信息模式，还要让平台上的产品与项目能够吸引投资者。其实简单地说就是，平台上的东西不仅要“卖出去”，并且还要能够“卖得好”。

● **项目资产化**

众筹项目今后会向资产化的方向发展，由此可以推断，如今的众筹项目并没有做到资产化。何为项目资产化，简单的理解就是项目的收支等资产要做到明确化。众筹是互联网金融的组成部分，不可避免地要涉及资产问题。当然，有些投资者的确不是为了钱才走进众筹圈子，但是事实上，几乎所有的众筹项目发起人，都是以融资为目的的。

有融资就有资金的产生，特别是一个融资成功的项目。这些资金集结在一起后，就被融资者“卷铺盖收走”，投资者肯定难以接受。融资者将这些钱全部用于众筹项目的开发与实施了吗？有没有做别的事？有没有剩余或者不足等问题？这些问题是众筹平台必须要面对的。

众筹项目资产化，能很好地解决这些问题。作为融资者，最好能够把项目筹集资金的收支列出一个清单。即使是在项目实施过程中，也要和投资者保持联系，随时发布资金的变动情况，让投资者做到心里有底，也能多一份对项目的信任与关心。

项目资产化，不仅仅是项目发起者个人的行为，还应该有众筹平台的参与与监督。众筹平台要制定维护资金安全的相关规定，迫使平台上的项目细化资金收支，做到让投资者放心。

展望中国众筹市场，在优胜劣汰的激烈竞争下，能够存活下来的平台，一定是那些顺应了众筹发展趋势的高品质平台。那时的众筹市场会比现在的众筹市场更加规范化，用户体验也会更好。

第六章
P2P 网贷
潜力无限的投融资市场

P2P 网贷凭借相对较高的收益，成为一股活跃在互联网投融资市场最有潜力的势力。作为投资者，想要“混迹”P2P 领域，首先要静下心来，了解一下 P2P 的行情。知己知彼，方能百战百胜。

1.P2P：互联网金融模式的最佳代表

说起互联网金融，大家首先想到的可能就是余额宝之类的“宝宝”产品，或者是前面讲到的票据理财、众筹理财等方式。但是这些理财方式与下面将要出场的“重头戏”相比，真的是小巫见大巫，这位互联网金融大咖就是“P2P”。

P2P到底有多牛呢？就让我们近距离嗅嗅它的“牛气”吧！

● P2P，互联网投资理财的主力军

P2P，是peer to peer的英文缩写，翻译成中文就是点对点，也可以理解为个人对个人，群体对群体的意思。P2P网贷平台是为企业或者个人提供投资与融资的平台，这与许多互联网金融平台模式相比并没有本质上的区别，但是它却占据了互联网金融大部分的市场份额，成为互联网金融的主力军。

P2P早在2006年就进入了中国市场，只是那个时候并没有得到社会的

广泛关注。直到 2011 年，P2P 才开始迅速成长。P2P 之所以能够迅速地成长，一方面是因为互联网金融的发展起到了推波助澜的作用，另一方面是巨大的市场需求。

国内许多小微企业迫于发展需要，急需筹集资金，而广大民众却习惯于把钱存放在银行，虽然银行提供的收益率比较低。随着互联网金融的蓬勃发展，比如各类“宝宝”产品、票据理财产品，许多新的金融模式在市场上应运而生。但是这些依托于互联网的投资理财产品，并没有从根本上解决大部分人的投资需求。

余额宝类的“宝宝”产品曾经红极一时，特别是一分钱起投，边购物边投资理财，的确给我们的生活带来了极大的便利。然而它们只是红极一时，最终都归于平静，没有持续升温。为什么会出现这种现象呢？主要是受到央行降息等举措的影响。随着银行利率下调，“宝宝”类产品的收益率也直线下降，连续跌破 8%、7%、6%，2015 年底甚至跌破 3%。这种收益率和银行的存款利率差别不大，当然难以留住“野心勃勃”的用户。这种情况造成“宝宝”们的吸引力大减，“宝宝”类产品渐渐受到投资者的冷落。

如今，“宝宝”类产品已经不能与 P2P 相抗衡了。那么，互联网金融的其他模式呢？票据理财也是互联网时代很火爆的一种理财产品，最主要的特点是收益高，风险低。这种颠覆传统的投资模式，让许多投资者竞相追逐。但是让投资者万万没想到的是：这种理财产品太火了，“一票难求”的情况下，许多人被无情地拒之门外，最终迫使投资者不得不转移目标，另寻其他投资理财产品。至于众筹投资，就更不值得一提了，因为众筹甚至不屑于与互联网投资理财产品“并肩”而立，它固执地为创意而生，投资理财只是“买一送一”的附加品。

上述投资理财模式在互联网金融时代都无法满足投资者的需求，那么谁来盘活互联网金融市场，并为投资者和融资者带来福音呢？一个新的模式“不小心”闯入了互联网金融市场，成为名副其实的互联网金融霸主，它就是 P2P 网贷模式。

P2P 有哪些魅力，使其能问鼎互联网金融呢？

如果你是投资者，最看重投资平台的哪一点？大部分人首先看重的应该是收益，这也是投资理财的第一追求。那么，P2P 就是你的首选，因为它是当今市场上最能满足投资者胃口的投资模式。

在此之前，我们所了解到的投资理财产品，余额宝最火的时候收益率维持在 7%~8% 之间，票据理财收益率达到 10% 就是很高的了。你知道 P2P 的收益率有多高吗？平均维持在 12%~20% 之间！这个数据也许会让你震惊，但是震惊之余，更多的是不是心动？

不用怀疑，P2P 的收益就是这么高。当然高收益也伴随着高风险。但是，由于 P2P 平台的资金一般都是交由第三方托管，有些平台还与知名银行建立了担保关系，所以 P2P 的风险是属于可控的，并不是像买彩票那样的纯粹投机行为。

● P2P 模式探究，投资理财不能一知半解

P2P 成为互联网金融的主力军，占据着大量的市场份额。如果你被 P2P 的高收益吸引，也想“参军”，建议你不要着急，先了解一下 P2P 的知识为好。毕竟投资理财不能稀里糊涂，一知半解。

就像众筹有五大分类一样，P2P 也有自己的模式划分。不同的投资需求需要选择不同的 P2P 模式，找准你的“菜”，才能吃得舒心。按照不同的标准，P2P 可以分为以下几种模式。

（1）纯平台模式和债权转让模式。

根据借贷流程的不同，可以把 P2P 分为这两种模式：纯平台模式和债

权转让模式。

纯平台模式，是指 P2P 平台不干预借贷双方的借贷环节，只是提供一个交易的平台。借款人直接在平台上发布借贷信息，投资者选择是否借钱给借贷方，双方自由建立借贷关系。

债权转让模式，是指借贷双方不直接进行借贷交易，而是由第三方先放贷给需要借钱的一方，然后再到平台发布借贷信息，寻找投资者，之后再把债权转让给投资者。

纯平台模式的借贷过程比较便捷，节约成本。借贷双方即使不是“一见钟情”，至少也是“两情相悦”。平台只是给他们提供了认识的机会，后续签订借贷协议，完全是在双方自愿的情况下达成的。如果说纯平台模式的借贷双方是现代的自由恋爱关系，那么债权转让的借贷双方就有点类似封建社会的包办婚姻。因为借贷双方不需要熟识，甚至不用“见面”，完全由第三方包办整个流程。也正是因为有第三方加入，所以成本自然就会上升一个台阶。

但是包办有包办的好处，平台作为有公信力的“家长”，自然是找门当户对的双方相匹配。这样的结合，如果单从婚姻的风险来看，分离的可能性要小得多。而纯平台模式借贷双方是“自由恋爱”，由于没有担保人，不仅风险很大，一旦一方毁约，另一方就会出现损失。

（2）纯线上模式和线上线下模式。

每个 P2P 平台的征信方式不同，但是大致可以分为纯线上模式和线上线下模式。纯线上模式，是指该平台是纯粹的互联网平台，以网络作为中介，借贷规则和双方签订借款合同，甚至信用审核等，都是在互联网平台上完成。

线上线下模式，是指 P2P 平台不仅提供线上服务，比如线上借贷交易与签订合同等流程，也会加强线下监控，强化风险控制。

纯线上模式的优点在于节约交易成本，所有工作都在线上完成，不需要耗费大量的人力和物力。缺点则在于没有线下的追踪观察和考核，使得交易风险增大，不能对借贷双方的信用水平严格把控，借款人跑路之后，资金很难追回。

线上线下模式不仅拥有线上模式的方便快捷，也能够结合线下对借贷双方的信用评估，加强对风险的把控。如果出现跑路的现象，即使在虚拟的网络平台找不到债务人，线下也能找到债务人。由于线下工作需要耗费大量的资源，因此平台的交易成本也会提高。

（3）无担保模式和有担保模式。

无担保模式，是指在 P2P 平台上，对于投资者的借款行为没有担保机构进行第三方担保，投资者需要自己对自己的选择负责。因此，投资前应考虑好个人的风险承受能力。

有担保模式，是指平台上的每项交易都由第三方担保还款，第三方是指银行和其他担保公司。

有担保的平台自然是我们投资时的首选，万一出现债务人跑路的情况，还可以得到部分赔偿。相较于无担保的平台来说，其安全性要高很多。但是投资者也要清醒地认识到，有担保不代表就没有风险，即使是银行也有可能倒闭。因此，在投资时，一定要强化风险意识，谨慎选择借贷平台和借款人。

● P2P 投资者必知的专业术语

作为初次接触 P2P 的菜鸟，想要了解这个行业，准确地把握投资项目的基本情况，了解一些专业术语很有必要。下面我们就来了解一下 P2P 网贷经常遇到的一些专业术语。

（1）固定收益。

在许多投资理财平台上，主页面一般都是各个融资项目的展板，每个项目最突出的点就是百分之几的收益率。细心的投资者可能会发现，这些收益分为固定收益和预期收益。那么，这两个收益有什么区别呢？

固定收益是指某融资项目许诺投资者固定不变的收益，无论这个项目最终是盈利还是亏损，平台负责人都应兑现对投资者的承诺，按照融资时确定的收益率偿还本金和利息。

与固定收益相对的预期收益则不同，预期收益是融资者在融资时为投资者描绘的一个美好蓝图。比如，某项目融资时的预期收益率是 10%，那么项目到期时，支付给投资者的可能是 7%，或者更少，这都是有可能的。因为预期只是一种假设，会随着市场的变化而变化。投资者在投资一个项目时，一定要看清融资项目的收益率属于哪一类。

值得庆幸的是，在 P2P 网贷平台上，基本上都是固定收益，预期收益大部分出现在银行理财产品中。

（2）投标。

投标是指 P2P 平台一次完整的借贷过程。在 P2P 平台上进行借贷，借款人首先要拿出一定的资产作为抵押，比如房产等有价值的实物。完成实物抵押后，才能在平台发布融资信息。然后投资者对信息进行筛选，再把钱投入到该项目中，整个借贷流程就完全结束了。这个过程就叫做 P2P 网贷平台的投标。

（3）清算期。

在浏览某些借贷平台时，你可能见到过“T+0”“T+1”这样的术语，这是什么意思呢？

这就是我们要介绍的清算期。清算期就是投标之后兑付资金的日期，也就是提现的期限。P2P 平台上常出现的这些符号，就是和兑付期限有关的。“T+0”“T+1”的字母“T”是指时间，“T+0”表示兑付时间为当天 24

小时之内，“T+1”则表示最迟第二天清算，如果遇到周末，则顺延两天，法定节假日则会提前通知兑现调整情况。

P2P之所以能够成为大众追捧的互联网投资“红人”，主要原因在于超高的收益。但是，高收益意味着高风险。尽管P2P平台采取了许多风控措施，还是不能保证绝对安全，所以在投资时，投资者还是要小心谨慎。

2.P2P 风险防范

投资的收益与风险并存，高收益必然与高风险相伴，这是金融圈的常识。P2P 信贷模式，以其超高的收益和良好的流动性吸引了大批的“忠实粉儿”。但是，无论你是 P2P 的忠实追随者，还是准备成为 P2P 的粉丝，对于 P2P 的风险都要有清醒的认识，做到有意识地防范。

● 了解和识别 P2P 骗局

P2P 信贷模式的存在，为小微企业融资和草根阶级投资理财提供了极大的便利，同时也活跃了中国的金融市场。但是，P2P 网贷的火爆与高利润，也常常被图谋不轨和别有用心的人利用，以此来骗取投资者与融资者的钱财。一些不法分子携款潜逃，玷污了 P2P 平台的声誉。

2015 年 7 月 17 日，“网贷第一案”优易网案件正式宣判，被告人木某和黄某分别被判处有期徒刑 14 年和 9 年，继续退赔相关受害者人民币 1517 万元。这是中国第一起正式宣判定罪的 P2P 网贷诈骗案件。

据了解，被告人木某2010年注册了“优易公司”，2012年8月至12月利用该网站从事借贷交易，制造各种虚假标的，以高额的收益率吸引投资者投标，非法集资2550万元人民币。木某将这些钱财的一部分用于炒股、期货等投资，另一部分则以更高的利率借贷给他人。由于投资不善，导致亏损，最终携款潜逃。

在这起P2P跑路案件中，被告人木某在没有经过任何金融机构的许可下，假借其他公司的名义融资，并且把吸收的资金用于个人消费与投资。这种行为不仅构成了非法融资罪，还构成了严重的诈骗罪。

优易网案件是国内第一起被审判定罪的P2P跑路案件，但绝不是第一个跑路的P2P平台。

比较出名的还有网赢天下、中贷信创、福翔创投、及时雨等平台经营者跑路事件。据有关数据显示，仅2013年9月至11月，就有超过40家P2P平台倒闭或者跑路。目前,中国有近千家P2P网贷平台,但真正靠谱的并不多。投资者在投资时，一定要独具慧眼，认清P2P平台的骗局。

下面就和大家分享一些快速识破P2P骗局的方法。

消费者如何识别P2P骗局？如果你能了解一家正规P2P借贷网站的运作原理，那么对于P2P平台的真假就可以做出大概的判断。下面介绍几种判断P2P网贷诈骗平台的一些基本方法。

（1）核对信息的真实性。

一些以欺骗为目的的P2P平台，无论造假技术多么高超，也经不起投资者认真的推敲。因为假的东西永远都会有破绽，我们要做的就是揭穿欺骗者的谎言。

初次接触P2P投资平台，首先要做的不是看它的收益率有多高，而是要对它进行一次“户口调查”，知道它姓什么，叫什么，居住地在哪里，监护人是谁等信息。比如核对它“住在哪儿”，也就是要核对该公司的办公地址。一般投资者很容易忽略这个细节，认为一个在网上注册的公司总会有办公地址的，但是不要忘了，你要确定这个地址是否真实存在。

之前有媒体曝光过这种虚假注册公司的诈骗行为：某个 P2P 跑路公司，声称自己的办公地址在某大厦的 22 层。事后调查结果让人目瞪口呆，该大厦最高只有 20 层！只能说，这种谎言也太明目张胆了。

我们之所以会轻易陷入这种低级的骗局中，最主要的原因就是太大意了。选择某平台投资时，切记不要掉以轻心，要仔细核对平台的营业执照、企业组织代码以及金融担保合作等信息，并通过多种渠道确认这些信息的真实性。一旦发现虚假或者值得怀疑的地方，要果断放弃投资，并大胆揭穿谎言，以免让更多的投资者落入圈套。

（2）用警惕的眼光看待高收益。

P2P 平台的收益和其他投资理财平台的收益相比，相对要高很多，这是由它本身以应急为目的的借贷性质所决定的。但是高收益的“高”是有一定区间范围的，不能是不切实际的虚假哄抬。

低收益不能说就没有风险，但过高的收益一定会暗藏危险。

高收益往往是跑路平台的一个共同特征，因为它们知道投资者的“痒点”在这里。用高收益做诱饵是最低端、最传统的欺骗伎俩，却又是屡试不爽的“特效药”。

那么，多高的收益率才算是高收益呢？一般以 20% 为最高红线。越过这个红线，靠不靠谱只能全靠运气了。这里我们可以一起来做一道算术题：假设 P2P 平台的借款方许诺给投资者的收益率为 20% 以上，那么加上平台的服务费 2%、第三方担保费 2% 等其他手续费，该借款人承担的成本至少是 24% 以上的利息。由于收益高，风险上升，担保费也会上升，该借款人承担的成本将会更高。

这么高的利息，是让人很难想象的，背后一定有陷阱，作为投资者，一定不能视而不见继续往下跳。

● 审视平台，谁才是可信的？

国内的P2P市场鱼龙混杂，有真心打造便民利民的优质平台，也有虚假宣传、携款跑路的平台，还有许多因经营不善、提现困难等原因面临生存危机的平台。如何在这些令人眼花缭乱的平台里找到值得信赖的平台，这的确是个技术活儿。

在前面给大家介绍的防范P2P骗局的方法中，可以得到一些启示：排除“最假”的平台，也就能找到“最佳”的平台。下面来具体探讨一下如何找到最可信的平台。

（1）首选大平台。

读者可能发现了一个规律，无论是票据理财、“宝宝”类产品，还是众筹等投资模式，在选择平台时，给出的建议里定会有选择知名的大平台。之所以这样强调，主要是因为大平台有大平台的好处：安全、专业、稳定。

金融界本来就没有绝对的安全，尤其是P2P市场，更是风云变幻，高收益与高风险并存。一家知名的P2P平台，比一个名不见经传的小平台拥有更高的安全系数，这是毋庸置疑的。

国内比较知名的P2P平台有人人贷、宜信、红岭创投等，这些平台是国内第一批成长起来的P2P平台。这些平台能够在成百上千家P2P平台中脱颖而出，显然是经过了时间考验的，在风控能力、流动性、监管措施等方面，这几家平台均遥遥领先。投资者认准这样的平台投资，安全性当然大大提高。

（2）托管方式：资金池VS第三方。

任何投资理财方式，最重要、最敏感的问题就是资金托管。保证了资金的安全，其实也就保障了投资者的利益。投资者担心的坏账、跑路、提现困难等问题，都属于资金安全问题。可以说，一个平台只有保障了资金的安全，才能吸引更多的投资者。P2P 平台也是如此，如何保障资金安全，投资者筹集的钱该如何托管，事关平台的信用与未来发展。

首先，了解一下什么是资金池。资金池，是指 P2P 平台吸收投资者的存款，然后再把存款贷给借款人的池子。平台本身作为吸收和吐纳资金的资金池，控制着资金的流动。如果资金池缺乏监管与约束，很容易出现平台负责人携款潜逃的事。这种建立资金池的托管方式，是图谋不轨的诈骗平台常用的伎俩。

实施资金第三方托管，平台与资金就会完全隔离，投资者的存款与借款人的借款都是经过第三方之手，P2P 平台只是提供了媒介作用。这样的平台一般都是踏踏实实做借贷的平台，平台本身几乎不存在安全问题。

最新的监管措施规定，任何 P2P 平台都不得建立资金池，P2P 平台只是借贷双方的中介平台，不能插手资金管理。在这种情况下，资金就必须由第三方托管。

投资者在选择平台时，一定要看清楚该平台的资金是否由第三方托管。如何判断平台资金是否由第三方托管呢？这里教给大家一个小技巧，当你在某平台投资时，首先需要进行注册。一般资金池模式的平台只需注册一个账号，付款时只需要支付到平台账号就行了。由第三方托管的平台，必须要注册两个账号，因为付款时，资金流向的是第三方，与平台无关。通过对账号数量的判断，大家就可以判断资金是否由第三方托管。

（3）违约惩罚力度强的平台。

P2P 平台严格地说只是为投资者和融资者搭台唱戏的中介。有了第三方托管，平台不再涉及资金管理业务，那么 P2P 平台是不是都一样安全可靠了呢？当然不是。在选择投资平台时，仍然需要投资者睁大眼睛，仔细甄别。

对于违约的借款人，如果P2P平台能够严肃对待，严惩不贷，还投资者一个公道，这样的平台无疑就是明镜高悬的“公堂衙门”。这样的平台容不下不负责任的借贷者，自然也就少有心怀侥幸的借贷者进来。

关于平台的惩罚制度，可以从平台以前处理的违约案件中得知，也可以询问平台的客服人员。记住，敢于惩罚的平台一定是“身正不怕影子斜”的清白平台，惩罚的力度也能看出平台风控的决心。

● P2P产品的评判

确定了P2P平台之后，作为投资者，就要选择靠谱的产品进行投标了。那么，怎样评判一个产品是否是靠谱的产品呢？以下四步教你迅速筛选出值得“一掷千金”的产品。

第一步：选择产品的“爸爸”。

前些年出现的“我爸是李刚”事件，曾被许多网友调侃这是一个“坑爹”和“拼爹”并存的时代。的确，无论在什么时代，一个好的出身永远是你赢在起跑线上的优势。你的背景在一定程度上决定了你的高度。站在巨人的肩膀上，肯定会比一般人高得多。

这个道理同样适用于P2P产品。选择P2P产品的第一步，其实就是学会如何选择平台。俗话说，“有其父必有其子”，好爸爸教育出来的儿子自然不会太差。因此这一步是很关键的一步。所以说，选择产品要从选择产品的“爸爸”开始。

我们要考察这个“爸爸”是否严格，是否有实力，是否不贪心，然后才能最终决定要不要投资他的“孩子”。

第二步：资金流动信息透明度。

在决定投资某产品之前，一定要搞清楚这个产品的资金流动是否足够透明。一般敢于披露资金流动信息，尽可能做到资金流动透明化的产品，极少会出现违约的现象。越是透明化，越说明该产品的负责人有足够的借贷诚意，对投资者心存感激。既然这些贷款是投资者的钱，作为债主，投资者就有权利知道资金的流动信息。

另外，一些细心的产品负责人，还会定期给投资者邮寄账单和债权列表等，与投资者保持密切的联系，而不是拿到借款后踪影全无地冷落投资者。

第三步：产品借贷人的资产抵押。

在 P2P 平台上，借款人想要在平台借贷，首先要拿相应的实物资产进行抵押，比如房产、汽车、店铺等，这些资产会有一个资产预估值。根据抵押物的价值高低，确定可以借贷多少款。

投资者在投资某种产品时，可以关注一下借贷人用什么实物做了抵押，是否是以自己的名义进行抵押的，抵押的数额与借贷数额的比例是多少，是否能够出示相关的抵押票据。

我们可以根据借款人抵押物品与抵押数额的比重，大致判断出该产品的风险程度。比如，抵押物品价值 40 万元，而借贷金额却高达 80 万元，那么投资者就要承担损失 50% 资金的风险。面对这样的情况，你还会考虑投资吗？

第四步：产品的收益。

产品的收益绝对不是越高越好，高收益的同时一定要警惕高风险。平台如此，产品亦如此。一般情况下，收益率在 20% 以下，可以考虑投资。当然，超过 15% 就算是高收益了。但是在专业的网贷平台上，专业的投资者把握住 15% 到 20% 的收益完全不成问题。

投资者在选择产品的同时，需要小心谨慎，不是高收益就不可以投资，毕竟 P2P 网贷的存在就是高收益的一个神话。

● 投资 P2P 需要了解的法律及行业制度

近年来，P2P 在中国“野蛮”成长，迅速从无到有，从有到多。

为什么说 P2P 是野蛮成长？因为 P2P 几乎是在毫无管制的条件下发展起来的。一方面由于它是从国外传来的新事物，中国以前并没有 P2P，互联网上也没有人开发借贷业务，因此 P2P 的到来让有关部门感到不知所措，还没有看清它是天使还是魔鬼，因此对其采取了“放任自流”的观望态度。另一方面是因为它发展得实在太快了，有“乱花渐欲迷人眼”之势，相关部门还没来得及对其制定系统的监管措施。

但是，P2P 自由成长的时代很快就要过去了。经过几年的观察，相关部门决定不再放任 P2P 的疯长，要适当地修理一下这棵枝叶繁杂的大树。虽然具体的立法目前还没有出台，但政府法规已处于拟定阶段，并且已经有了明确的引导和指导规范。2015 年，国家已经确定 P2P 行业由银监会监管，央行也正在研究和制定该领域的行业规范。

根据最新的政策，相关部门对国内 P2P 的发展确立了以下四条“红线”。

（1）P2P 平台只是中介平台。

P2P 平台只是中介平台，这一条明确规定了 P2P 平台的中介性质。中介的作用就是搭桥牵线，为借贷双方搭建一个平台，让他们能够点对点地直接交流。P2P 可以制定平台上的交易规范，规定投资者和借贷者的准入门槛，但是不能参与借贷资金的流转，更不能私自挪用投资者的资金。

（2）P2P 平台不能为自己担保。

现今的金融市场上，有许多 P2P 网贷公司“自己为自己代言”，资金的担保方不是第三方机构，而是平台自身。这种自我代言的方式类似于掩耳盗铃，自我监管的结果往往是自我放纵。因此，国家相关部门无情地戳破了某些 P2P 平台的虚伪本质，禁止平台自我担保，担保方必须是和 P2P 平台无关的第三方。这其实也是进一步防止某些不法分子利用 P2P 平台进行诈骗的有效措施。

（3）平台不得设立资金池。

平台不能搞资金池，其实还是强调平台不能聚集借贷资金，这也是剥夺 P2P 平台“财产权”的举措。资金池是指 P2P 平台作为借贷双方的资金中转站，私自将投资者的资金借贷给借款者。这期间平台其实掌握了全部的资金管理权。拥有这个权利，平台负责人极有可能被金钱诱惑，做出违规行为。

（4）平台不得非法集资。

任何一家 P2P 平台一旦涉及非法集资，就构成了犯罪。P2P 平台只是借贷平台，平台的投标过程，即投资者为某个借款人投资，这个过程就是集资的过程。按照正常的程序流程，P2P 平台的集资完全是合法的，但是如果 P2P 平台本身存在违法问题，那么平台上进行的所有投标项目，均属于非法集资。比如，平台发布虚假标的，哄抬利率吸引投资者，这样的平台一旦被发现，平台负责人就构成了诈骗罪。

以上只是对 P2P 行业今后监管总体方向的指引，相信在不久的将来，P2P 网贷会有专门的法律法规对其进行监管，让它拥有一个更安全、更透明的未来，创造高收益与低风险并存的金融界“神话”。

3. 如何选择 P2P 平台

在了解了甄别 P2P 平台与产品的一些技巧之后，选择平台时就会容易一些。下面，我们一起走进 P2P 平台，详细了解国内有哪些主流 P2P 平台以及如何选择最适合自己的投资平台。

● 国内主流 P2P 平台简介

据不完全统计，国内迄今为止大概有 P2P 平台 1500 多家，面对这么多家 P2P 平台，投资者选择时也会有些迷茫。但是 P2P 这棵枝繁叶茂的大树，也有其主干所在。下面我们就一起走进几家国内主流的 P2P 平台，对它们的运营状况进行简单的了解。

人人贷

人人贷成立于 2010 年，隶属于人人友信集团旗下，经过几年的发展，迅速成长为国内 P2P 行业的知名公司。截至 2013 年年底，人人贷的累积贷款量达到了 20 亿元人民币，月成交量突破 2.5 亿元，融资数额在中国乃至世界都令人震惊。

人人贷属于线上和线下相结合的P2P运营模式，线上开展融资、投资等借贷业务，借款人可以自由发布借款请求，投资者也可以自由选择想要投资的线上项目。在线下，友信集团向人人贷输出债权，支持线上借贷业务的稳健运行。这种线上与线下相结合的做法，是人人贷能够持续高速发展的主要原因之一。

人人贷之所以能够在众多的P2P平台中脱颖而出，主要得益于它的本金保障计划。在人人贷平台上，借款人每借贷成功一笔款项后，平台会收取相应的服务费。这些服务费作为平台的风险储备金，一旦出现逾期偿还的情况，将用来垫付给投资者。这种风险储备金的做法，吸引了大量客户。

拍拍贷

成立于2007年的拍拍贷是国内最早的P2P平台，作为最资深的老牌P2P平台，拍拍贷也创造了辉煌的战绩。2014年4月，拍拍贷获得B轮融资，金额在5000万美元左右，是十分了不起的成绩。

拍拍贷属于典型的无抵押无担保的纯线上模式。网站是纯中介性质的借贷网站，融资者自主发布借款信息，投资者根据自己的需求决定是否投资，借贷双方完全在平等自愿的情况下建立交易关系。

拍拍贷就像撒手管家，对平台的运作实行“无为而治”，因此对于借款人的要求相对宽松，不需要抵押资产。如果出现坏账等行为，后果由投资者自行负责，因此它对投资者的风险承受力要求很高。

拍拍贷还有一个有趣的特点，借款人如果想要借到更多的钱，就需要在平台多交朋友。这个平台也类似于一个朋友圈，如果投资者和你关系好，就会愿意不计较风险借钱给你。

宜信

宜信不是纯P2P借贷公司，而是集基金、保险、P2P等业务为一体的综合性金融机构。

宜信P2P属于线上线下相结合的模式，但是它最大的特点在于借贷交易线上为辅，线下为主。网络平台只是提供借贷信息的平台，如果借贷人想要借款或者投资者想要投资，需要在线下进行交易手续的办理，比如咨询借款数额与权限、投资的意向等，这些都需要线下完成。

宜信对于借款人也实行无担保的方式，增加了投资者的借贷风险，但是宜信也有风险储备金，出现风险时可以动用备用金补贴投资者。另外，宜信还有每月还款的制度，投资者只需要等待一个月就能收获本金和利息，有效地通过缩短借贷时间把控风险。

以上介绍的三个在国内处于领先地位的P2P平台，可以说是P2P平台的典范，在这一领域也最有发言权。它们各有特色与缺点，没有好坏之分，适合投资者的平台才是最好的平台。

● 关注平台信息，既要全面又要深入

无论是投资者还是融资者，对P2P平台的信息审查都不能走马观花，漫不经心，而应该全面、深入地详细了解，这是有效剔除“假冒伪劣”P2P平台的必要手段，也是对自己认真负责的表现。那么，怎样审核平台信息，才算是做到了全面而深入呢？

（1）运营的真实性。

如果你投资的P2P平台实际上根本就不存在，相信许多投资者都无法接受。为了以防万一，我们首先要做的就是考察一个P2P平台的真实性。

投资者需要在平台上查看公司的营业执照、税务登记、组织机构代码、注册地点与时间、网站的IPC备案等信息，必要的话可以打电话向有关部

门核查。确认这些信息的真实性，也只能说明该公司是存在的，但是靠不靠谱还需要进一步的判断。

（2）创始人和员工简历。

一般的 P2P 网站，都会有创始人与合伙人或者员工的简介，也就是他们的履历。不要忽视这个内容。一个公司的创始人，就是公司的名片，代表着公司现在与未来的发展方向。如果某 P2P 平台的老总从未涉足过互联网金融，只是“半路出家”的凑热闹者，那么他带领的团队水平可想而知。当然，也会有看上去很牛的创始人简历，金融互联网行家、学历高、曾是某某企业的 CEO 等，这样的简历如果是真实的，当然让人放心，但还是建议投资者考察一下，这些情况是否属实。

当然，除了创始人，员工与合伙人的信息也值得我们关注，这些可以综合考察这个团队是否够专业、够档次、够安全。

（3）担保方式。

目前，国内虽然没有关于 P2P 的明文监管法律，但是银监会曾明确表示，P2P 平台不得自我担保，即 P2P 平台不能担保自己平台的借贷安全问题，需由第三方机构为平台的借贷安全做担保。

这样做的目的是为了防止平台自我监管松懈，出现私自挪用平台资金等不法行为。投资者在接触新平台时，要搞清楚该平台的担保方式信息，如果有第三方担保，就需要弄清楚担保机构是什么，担保的效力如何等。

如果你选择的 P2P 平台根本没有第三方担保机构进行担保，那么，尽早远离它吧。因为这种平台触及了监管红线，一旦相关法律法规正式出台，它就会正式关门停业。

（4）风控能力。

金融的核心在于风控，判断一个 P2P 平台的好坏，风控是不能缺少的关键指标。投资者如何从平台的信息中把握平台的风险控制能力呢？

风控能力需要从多方面考察，比如，借贷双方的信用认证制度是否严格？借款人申请借款项目时，需不需要相应的实物抵押？平台对借款人违约的惩罚力度如何？借贷流程是否足够清晰透明？借贷之后的资金流向是否向投资者据实披露？这些措施的实施程度可以反映一个 P2P 平台的风控强度，因此，投资者一定要注意关注 P2P 平台的这些信息，因为这才是展示 P2P 平台实力的关键所在。

4. 个人投资：P2P 理财攻略

● 新手初涉 P2P

作为初涉 P2P 的新手，你是信心满满，还是紧张不安呢？不管怎样，先抛开一切情绪，来学习一下新人必知的 P2P 常识，测试一下你是否真的适合进行 P2P 投资。

首先，作为新手，最好先做个自我风险评估测试。

你要清楚自己有多少家底，千万不要把养老钱都投入到这样高危的“游戏”中。无论何种投资方式，都不会百分之百地安全，投资理财，就要有足够强大的内心来承受投资失利的后果。如果你是投融界的“大白”，家底也不是那么丰厚，建议你还是选择收益低、风险小的大型平台进行投资。如果你是资深的投融界玩家，那么即使初涉 P2P 行业，相信你也能很快无师自通。建议资深玩家根据自己的喜好，选择收益率稍高的项目，但投资之前也要三思而后行。

其次，做 P2P 投资之前，要问问自己“你有钱有闲吗”？

投资理财是一个十分耗费精力和时间的技术活，如果你各种业务缠身，分身乏术，那么你还是适合找理财师帮你打理资产，因为单单是选择哪家 P2P 平台，就需要你花费大量的时间去分析考察。如果你本身就是个大闲人，有的是时间，但是手头却十分紧张，那么你也不适合做 P2P 投资，因为这里是一个有风险和需要钱的地方。

有钱又有闲，这个门槛似乎有点严苛了，但也是投资者对自己负责的表现，不要因为没有时间，就粗枝大叶地匆匆做出选择。选择了不靠谱的投资项目，造成的后果你不一定能承受得住。也不要羡慕高息产品，冲动地把手上仅有的积蓄投向未知的风险之中。

最后，选择平台仍然是老生常谈的永恒话题。

不要轻信亲朋好友的介绍，要自己实际考察一下平台的安全性。作为新手，首先要求稳，待投资水平提高后，再追求高息。切不可眼高手低，心急是吃不了热豆腐的。建议初次投资 P2P 的投资者选择知名的大型平台作为学习晋升的平台，这样不仅能提升你的“审美眼光”，也能快速提高你的投资水平。

● P2P 投资的几大误区

在接触 P2P 平台之前，相信你已经对其有所耳闻，其中不乏混淆视听的“传言”，这些传言很有可能误导你的判断。下面来了解一些关于 P2P 的误区，希望能对你有所帮助。

误区一：P2P 等于高利贷

这种谣言的散布者，一定是 P2P 网贷的外行。P2P 的确以高于一般投资理财产品的收益率闻名，但是绝对不是高利贷。两者最本质的区别在于，高利贷是政府明令禁止的违法行为，而 P2P 则是正规的金融产品，得到国家的承认和保护，只是监管方面还存在需要完善的地方。

误区二：大型知名平台所有的项目都安全

这种理解基于对大型知名平台的充分信任，因此并不是毫无道理的。大型平台的风控体系、信息披露制度、平台稳定性、担保制度等方面，均做到了出类拔萃的地步，的确能给客户带来极大的安全感。

但是安全只是相对的，平台总体安全，并不能代表平台上所有的项目都是安全可靠的，因为总有一些审核上的漏洞，或者一些不法分子利用高超的骗术瞒天过海。因此，无论是那一家平台，投资者在选择项目时都不能大意，时刻都要保持清醒的头脑。

误区三：网贷没有现实的贷款安全

以 P2P 为首的网贷模式是一种新兴事物，很多人对此并不是特别了解，甚至会产生许多误解，尤其是对其安全性的质疑。

因为看不到借款人，也没有亲手签订借贷合同，难免会存在不真实的感觉。但是在互联网金融时代，虚拟化是必然的发展趋势。比如在淘宝上购物，你没有亲自试穿衣服，不是最终也能得到实实在在的实物吗？

在 P2P 平台上进行借贷，整个借贷流程虽然是在线上虚拟化完成，但是每一个流程都是在无数线下人员严格把控或者平台监管的情况下进行的，而且基于大数据信息，借款人一般很难逃之夭夭，这方面比现实中的借贷要可靠得多。

误区四：收益期待过高

大家已经知道，P2P 网贷提供的收益率一般维持在 12%~20% 之间，可以说是目前国内互联网金融产品中收益相对较高的。但是高收益也是有界限的，而且并不是每笔投资都能稳赚，也不是每笔投资都能赚很多。

P2P 不是高利贷，也不是买股票、彩票，收益并不像某些人想象得那么高。

在此建议刚进入 P2P 市场的投资者们，不要被利益冲昏了头脑，万事需谨慎，投资更是如此。

● P2P 投资操作流程

如果你想在 P2P 平台上投资一个项目，该如何操作呢？下面就让我们一起实际体验一下吧。

步骤一，首先打开某 P2P 平台的主页。

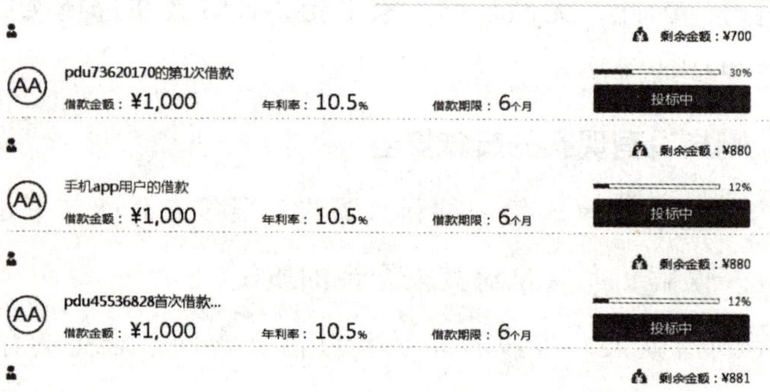

图 6-4-1

步骤二，如果你没有该平台账号，那么首先要注册一个平台账号，填写相关信息，然后登录账号。

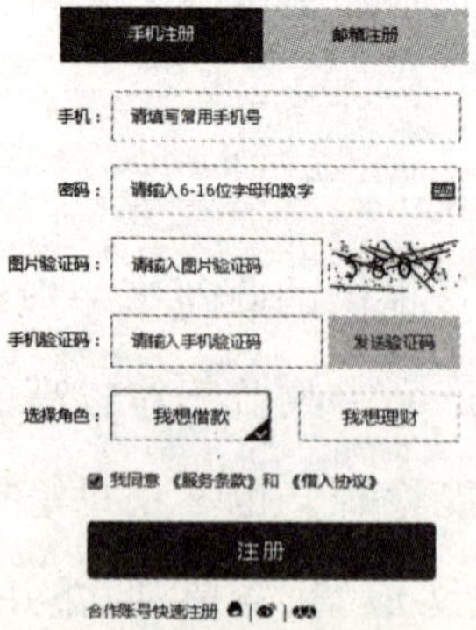

图 6-4-2

步骤三，一般注册成功后，为了安全需要，平台都要进行实名认证，因此你需要在认证中心进行实名认证、邮箱认证、手机认证。

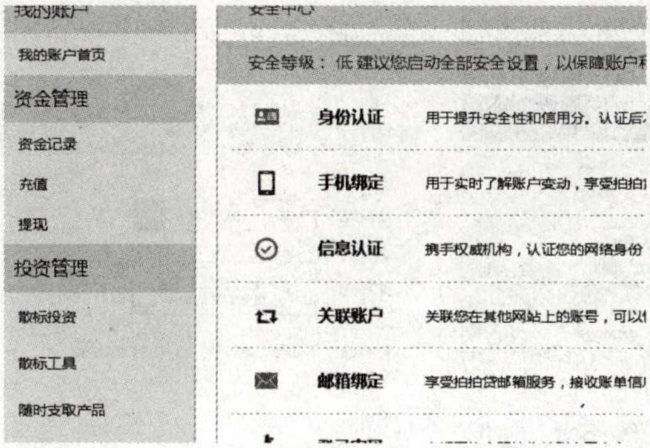

图 6-4-3

步骤四，在“资金管理”中选择“银行账户”，绑定银行卡，用来支付和收款。

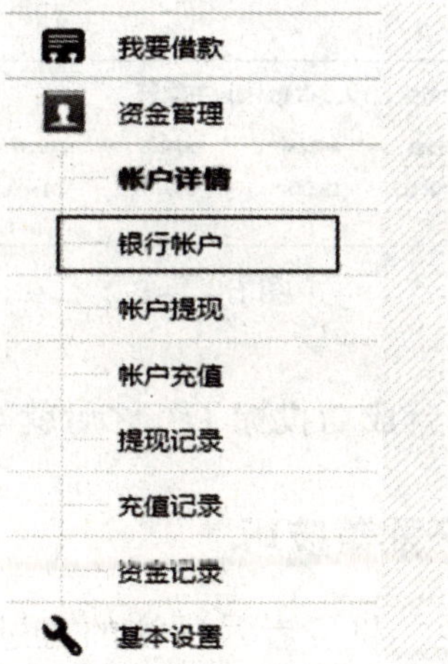

图 6-4-4

步骤五，当你进行投资时，必须保证银行卡里是有钱的。如果没有钱或者余额不足，需要提前充值。选择支付方式和充值类型以及金额，然后点击“确认提交”。

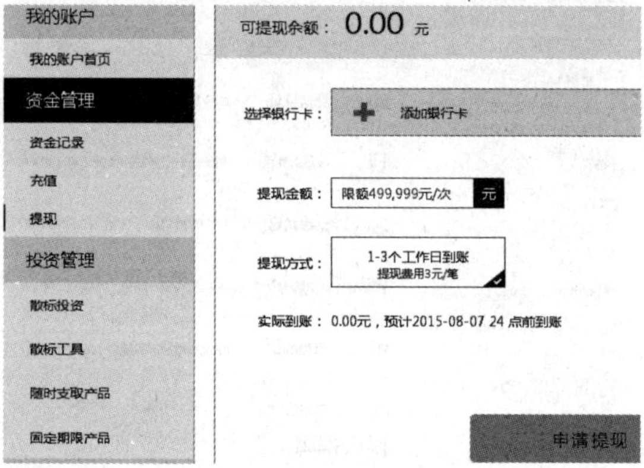

图 6-4-5

步骤六，选中自己喜欢的项目，然后点击“招标中”的项目进行投标。只能投资标的未满的项目，已经满标的项目无法投资。

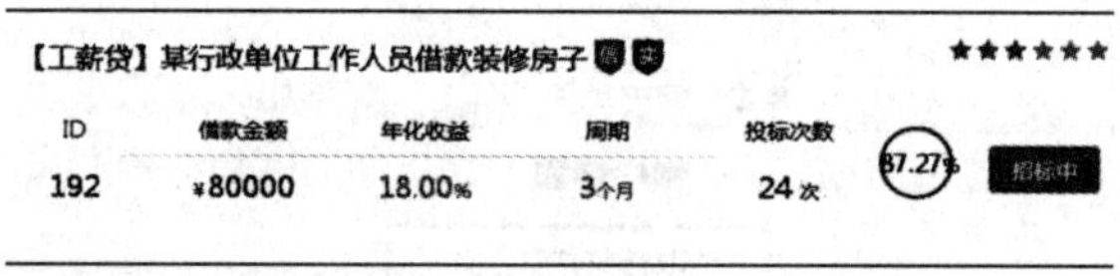

图 6-4-6

以上步骤完成后，你就成功投标了，之后就等着到期收钱吧。

● P2P 投资的资产配置技巧

在具体的投资过程中，投资者最关注的莫过于资金安全问题。那么如何进行资产配置，才能最大化地保证资金安全呢？这里介绍一些小技巧。

（1）把鸡蛋放在不同的篮子里。

不要把鸡蛋放在同一个篮子里，而是放在不同的篮子里，也就是所谓的分散投资，这也是投资界的一条黄金定律。在进行资产配置时，尤其要注重这一定律，尽量分散你的投资，选择较多的投资项目。把资产分配到不同的项目里，这样风险自然就降低了许多。

（2）小额投资。

小额投资，是指无论你多么看好一个项目，也不要把“养老钱”一下子全投进去，而是投入自己能够承受的那一部分资产即可。万一出现意外，你也能够承担损失。其实，小额投资与分散投资有一脉相承之处，都是强调通过分散资产达到分散风险的目的。

（3）不要贪图高息。

在进行资产配置时，很多投资者容易受到“高息”的影响，然后一冲动就把钱投进了进去。因为贪图高息误入雷区，导致本息无存的事件屡见不鲜，但还是有许多投资者不计后果者前赴后继。

在投资时，对于收益超过 20% 的 P2P 项目，一定要慎之又慎。持之以恒地获得稳定的收益，比冒险获得高收益更稳妥。

（4）掌握资金流向。

投资 P2P 之后，掌握资金的流向十分必要。你借款给融资者，你就是债主了，要清楚地认识到自己的地位。关于借贷资金的用处与去处，你有必要也有权利知道。一般来说，可以咨询平台客服或者借款人，以获得关于资金流向的信息。

5. 企业融资：用互联网方式解决资金问题

说起企业，大家首先想到的可能是海尔、格力、阿里巴巴等知名的大企业。的确，这些大企业实力雄厚，财大气粗，赢得了国人的尊敬。但是，却很少有人关注占中国企业总数95%以上，GDP贡献超过90%的中小企业的发展状况。中小企业在解决国内就业压力，推动经济发展等方面发挥着举足轻重的作用。

然而，它们的发展并不是一帆风顺的，甚至可以说是举步维艰，最致命的障碍就是缺钱。融资难是中小企业发展面临的普遍问题，互联网金融的出现为其发展提供了契机，尤其是P2P的横空出世，更给它们带来了无限的发展机遇与希望。

● P2P融资，中小企业的福音

P2P网贷模式的开启，最大的受益者不是投资者，而是为融资问题寝食难安的中小企业主。

中小企业是国民经济的命脉，在增加国家税收、提供就业岗位等方面发挥着至关重要的作用，鼓励和支持中小企业发展，是当前国家的重要任务之一。在我国，中小企业由于自身实力不强，缺乏启动与发展资金，管理制度不规范，政府帮持力度微弱等原因，导致其在国内难以真正“腾飞”。就在中小企业因融资难问题步履维艰之时，P2P 的出现让它们看到了希望。

P2P 网贷依托开放自由的互联网技术，开创了全新的借贷模式。在 P2P 网贷平台上，想要融资的企业只需提出借贷申请，发布借贷信息，就可以让大众看到具体的借贷需求，实现点对点的借贷交易。网贷平台只是一个第三方中介，借贷不需要繁琐的流程，亦不需要高昂的手续费与服务费，极大地节省了中小企业的时间和资金成本。

另外，P2P 平台的借贷模式多种多样，相较于传统银行的单一借贷模式，中小企业有更多的选择空间。如果企业自身没有足够的资产用来抵押，那么可以选择纯信用的 P2P 平台，不需要任何抵押物，可以直接发布借款信息进行融资。融资的根本目的是为了支持企业更好地发展，筹集资金后，公司能够获得更大的发展空间与更高的盈利。融资到期后，应该及时偿还投资者，以便继续融资。

P2P 的出现，为中小企业融资开辟了新的出路，从中国日益扩大的 P2P 市场规模就可以看出，这一借贷模式适应了市场需求，不仅为投资者带来了高额的利润，也为中小企业的发展带来了福音。

● P2P 融资的优势

对于融资方中小企业来说，利用 P2P 平台进行融资，主要有以下优势。

（1）融资成功率高。

在互联网金融出现之前，企业要想融资，需要向银行提供诸多抵押和信用保障，经过一系列繁琐的程序之后，审核结果可能是令人失望的“竹篮打水一场空”。办理这些手续花费的时间和精力，对企业来说也是一种损失。

P2P 网贷为企业提供了一个相对自由的平台，借贷双方在“便利”的虚拟平台中自主进行交易。正是由于这种“便利”，使得融资与投资的准入门槛极大降低，吸引了众多拥有闲散资金的投资者。投资者的闲散资金聚集起来，也是十分可观的数目，虽不能与银行的财力相媲美，但是积少成多，草根的力量也是十分巨大的。

准入门槛低，人人都可以参与投资理财，又有相对较高的投资收益率，使得 P2P 平台迅速成为聚宝盆，为中小企业融资营造了适宜的土壤。

（2）借贷流程方便快捷。

P2P 的借贷流程非常简单，一般包括用户注册、申请借贷、提交借贷信息、等待审批结果、申请成功这几个步骤。除了审批时间需要等待 1 ~ 3 个工作日，其他程序完全可以达到“秒成”的速度，简单快捷到你不能相信的程度。

绝大多数 P2P 借贷平台都以线上模式为主，借贷方足不出户，就可以在虚拟平台上完成整个借贷流程，整个过程只需要拥有一台电脑或者一部智能手机即可。这与传统的银行借贷一层一层地审批资料，挑剔的申请条件，为了各种手续来回“奔跑”，漫长的审批等待相比，不知便捷了多少倍。

（3）信息流动快。

相对于传统的借贷模式，P2P 借贷平台在信息处理和流动方面也有显著的优势。P2P 平台的信息处理是基于互联网大数据和云计算，直接通过线上就能完成各种信息的审核与处理，进行风险评估与甄别工作，尽可能地排除干扰信息，及时完成信息的更新与完美匹配。

比如，P2P 平台依托快速的网络传播，在线上第一时间发布借贷项目信息。当项目借贷额完成后，及时“下架”或者提示满标，这样可以让投资者第一时间掌握平台资讯变化，做到随时调整投资计划，紧跟金融市场变化。

阿里小贷是阿里巴巴推出的 P2P 借贷平台，它的优势在于利用大数据和云计算，打通淘宝网、阿里巴巴、支付宝等联合平台的数据，对信息进行整合分析，再对个人的信贷水平做全面的评估。正是基于这种方式，阿里小贷的不良借款率一直保持在低于传统银行的水平。

这种方式节约了借贷成本，简化了借贷流程，使借贷更加便捷、简单、准确。P2P 借贷必将成为今后民间借贷的市场主流。

● P2P 融资的应用障碍

P2P 问世以来，以其灵活快捷、低门槛等优点，在国内迅速发展壮大，这也是它因时而生的必然结果。但是，在 P2P 这种金融模式发展壮大的同时，也暴露了许多不成熟的地方。

（1）线上线下认证难两全。

目前，国内市场上各式各样的 P2P 理财平台，信用保障仍然是投资者和融资者最关心的问题。这个市场太庞杂，规范化不足，导致信用体系崩塌。据统计，截至 2014 年 12 月，国内的问题平台达到 367 家，仅 2014 年一年就新增了 275 家。其中的问题包括跑路、诈骗、提现困难、经营不善等。显然，国内 P2P 平台的信用体系仍然有待改善。

针对信用体系建设问题，各大 P2P 平台也积极进行探索和实践，争取做到拥有完善的信用保障，其中最常见的措施就是线上和线下认证模式。现在许多大型平台基本都是采用线上线下相结合的模式，以达到既能有线上的便捷，流程简单清晰，又能拥有线下的实际“追踪调查”，双重保障平台的信用安全。

由于线下认证需要耗费大量的资源，如人力、物力、财力等，一些实力不强的小平台是负担不起这种消耗的，因此纯线上的 P2P 模式依然是 P2P

市场的主流。纯线上模式的P2P平台由于自身规模和实力有限，为了吸引投资者和融资者，不惜一再降低平台的准入门槛，融资方在这样的平台上进行融资相对更容易。

频繁的跑路、诈骗等信息，让投资者“闻风丧胆”，很多投资者对一些门槛低的小平台似乎已经失去了信心，因此一些小平台很难再得到投资者的参与。融资方在这样的平台上推出大额融资项目，很可能落个“无资可融”的下场。平台自身的信用体系不完善，成为融资的最大障碍，也使得许多中小企业再次陷入融资难的困境。

（2）门槛低，信息不够透明。

对于投资者和融资者来说，门槛低其实是P2P平台的竞争优势之一。但是，就整个P2P市场来讲，P2P公司的成立门槛过低，也会产生融资障碍。

开一家P2P公司，甚至只需要一台电脑和一根网线，有的P2P公司甚至就开在住宅小区里，注册资本、经营资质、有无专业的金融经验等，这些非常关键的因素竟然都可以忽略不计。这样的P2P公司显然是不可靠的，误入这类平台的融资方肯定也难以成功融资。

另一个问题就是信息不够透明，导致融资出现障碍。目前，因为P2P平台缺乏有效的监管，市场竞争无序，平台信息披露不彻底，甚至在信息披露上遮遮掩掩，有意保留，尤其是不愿透露融资后的资金走向。对于融资者，平台有意隐藏其真实信息，其实对平台的发展是一种伤害，这样做很可能导致投资者对该融资者和平台缺乏信任，以后很难实现再次融资。

● 如何成功发布融资项目

如果你是某企业的负责人并且急需融资，如何在P2P平台上发布融资项目呢？以下就以著名的P2P平台“人人贷”为例，具体进行演示操作。

步骤一，在搜索栏输入“人人贷”，然后点击进入主页。

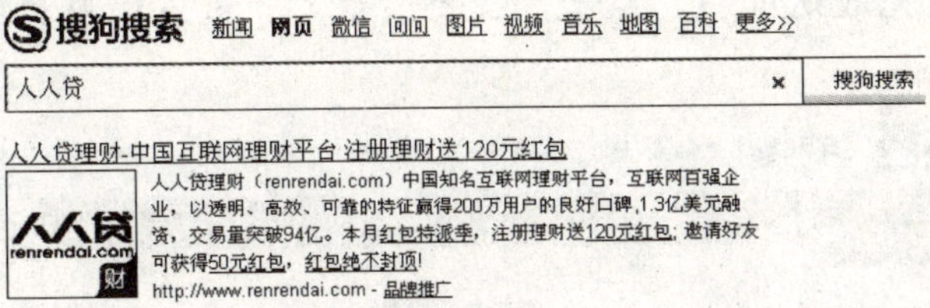

图 6-5-1

步骤二，进入首页后，首先需要注册账号，填写注册信息。

图 6-5-2

步骤三，借款之前，需要完成实名认证。登录账号后，在“账户管理”中进行认证。

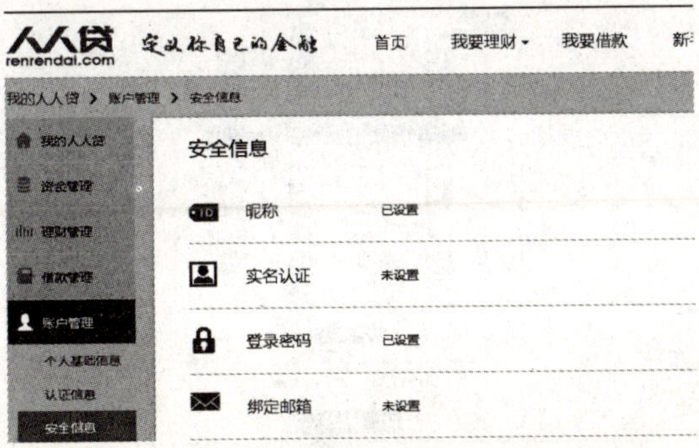

图 6-5-3

步骤四，完成认证后，点击“我要借款”，进入借款页面。

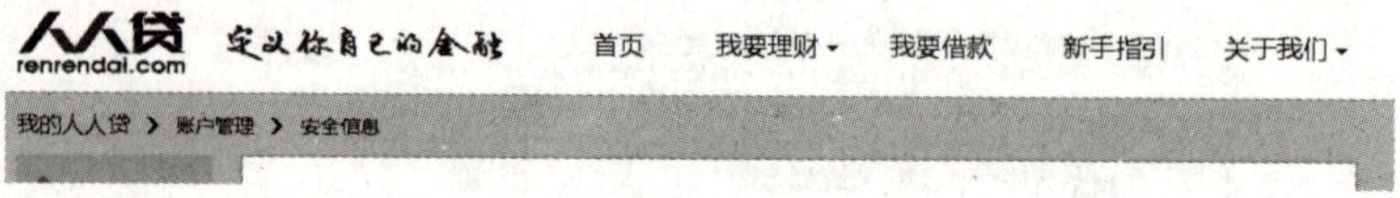

图 6-5-4

步骤五，选择借贷产品，然后填写相应的借款信息，点击“申请借款”。

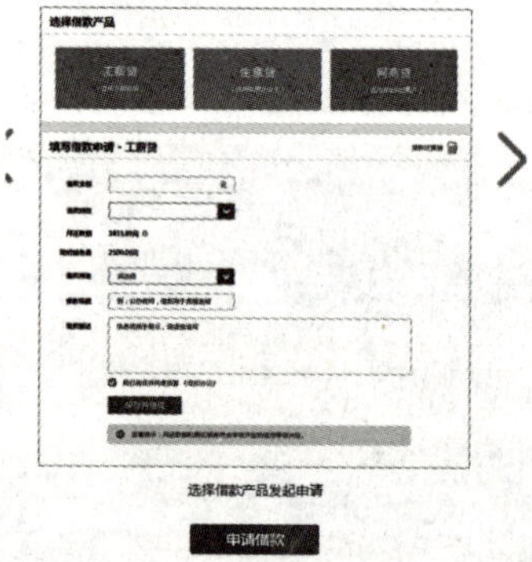

图 6-5-5

步骤六，申请借款后，需要上传相关资料进行认证。注意：必要的上传资料必须要上传。上传资料之后，点击“提交申请”。

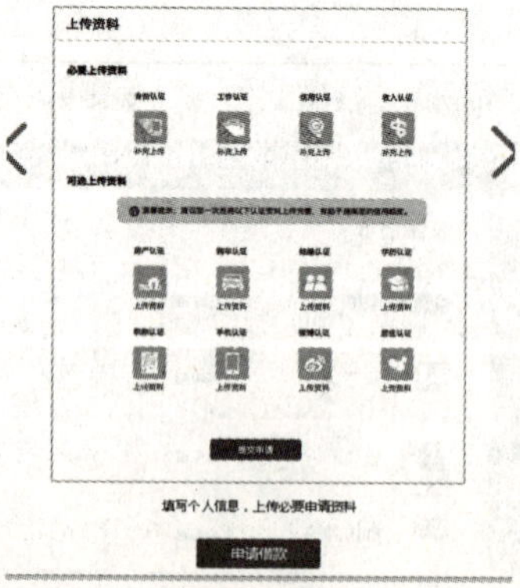

图 6-5-6

步骤七，上传成功后，等待平台审核。审核通过后，即可进行融资。

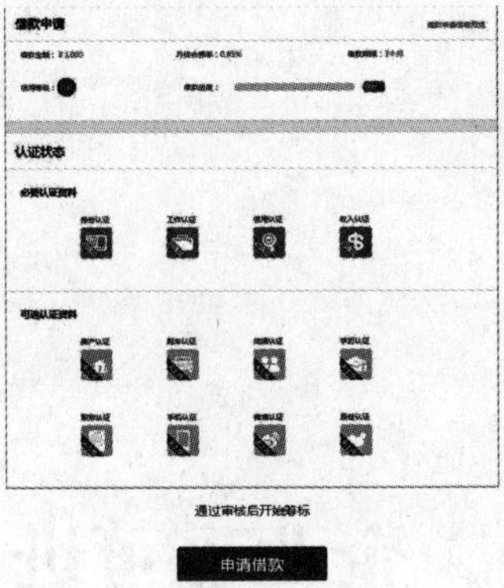

图 6-5-7

以上是人人贷的借款流程，其他 P2P 平台借款流程大致相同：首先要注册账号，实名认证后提出借款申请，上传借款的必要资料，最后等待平台审核。审核力度不同的平台，对借款人有不同的要求，有些平台可能还需要一定的抵押物，或需要借款人与平台人员进行线上或线下沟通。

如果你是中小企业的负责人，遇到融资问题，在国内再也没有比 P2P 更合适的借贷平台了。

6. 华丽转身，企业也可进行 P2P 投资

P2P 的出现，为小微企业的融资难题带来了福音。说起 P2P，大家首先想到的也是企业的一种融资手段。其实，在 P2P 平台上，企业不仅可以进行融资，还可以进行投资。

● 哪些企业适合 P2P 投资

企业难道只能在 P2P 平台上进行融资吗？P2P 产生的最初动力，就是为了解决小微企业融资难的问题，而且在这方面取得了很好的效果。随着 P2P 平台的不断发展，它的形式有了更多的变化，也不再仅仅局限在企业对个人的融资模式，还衍生出了企业对企业的投资模式。

什么样的企业适合做P2P投资呢？首先可以排除需要融资的小微企业，这是毫无疑问的。

适合做 P2P 投资的企业有以下几种类型。

（1）实力雄厚，“赶时髦”的传统企业。

互联网金融风靡全国，也给进军互联网金融圈的一些企业带来了实实

在在的真金白银。这种时髦又赚钱的金融新风尚，无疑让许多传统的老牌企业垂涎三尺。甚至有些传统企业已经把持不住，纷纷出动，想要分得互联网金融的一杯羹。

据统计，截至 2014 年 11 月，已有超过 40 家上市公司进军 P2P 行业，投资金额达到数十亿元，真是财大气粗，一掷千金。

（2）与金融相关的企业。

除了实力雄厚的大公司，那些本身就与金融相关，或者就是做投资理财的企业，也十分适合转型做互联网金融，进行 P2P 投资。典型的案例有阿里巴巴集团，它借助“支付宝”“余额宝”的力量，俨然已经成为互联网金融的领军企业，无论是“宝宝”类产品还是众筹、P2P 等，应有尽有，其中阿里小贷就是阿里集团推出的 P2P 融资平台。

此外，还有一些传统的金融企业，迫于互联网金融的迅猛发展，为了抢占互联网金融的地盘，也一改以往的高冷姿态，低下身来杀入互联网金融业，希望能“改头换面”，分享互联网金融这块大蛋糕。

平安集团打造的陆金所网贷平台，就是典型的传统金融行业“入侵”互联网金融的案例。平安集团是传统的保险企业，但是在互联网金融的冲击下，尤其是 P2P 网贷的繁荣，促使平安集图华丽变身，大力进军互联网金融业，成立了陆金所网贷平台。

无论是互联网金融企业，还是传统金融企业，它们进军 P2P 网贷，显然比其他企业更有优势。这些企业不缺乏金融技术和人力支持，转型投资 P2P 行业很容易上手，并且可以利用积累起来的客户资源，很快达到宣传和普及的效果。

● 传统企业 P2P 投资的利与弊

P2P 行业的兴盛，吸引了大批“外行”企业纷纷“倒向”互联网金融。

然而，风云不定的新兴 P2P 行业真的像外行想象得那般美好吗？当然不是任何事物都有两面性，企业投资互联网金融同样是把双刃剑，有利也有弊。

首先，企业进行 P2P 投资，尤其是大型的实力雄厚的上市企业，它们的参与无疑为 P2P 行业的发展带来了春风，有益于 P2P 网贷的持续繁荣。P2P 网贷的繁荣发展，也间接回报了企业的投资，可以说实现了双赢的最佳效果。

（1）传统企业投资为 P2P 行业带来的益处。

众所周知，成立 P2P 网贷公司的门槛很低：一根网线加一台电脑，还有少量的启动资金，就可以成立一家 P2P 网贷公司。也正是因为极低的准入门槛，间接导致了现今国内 P2P 市场鱼龙混杂的局面。许多小型 P2P 企业成立之初，就缺乏坚实的资金基础，运营之后更是举步维艰，难以稳步发展。有些企业不堪重负，最终关门倒闭。有些平台的负责人甚至恶意潜逃，跑路诈骗的发生概率也因此提高了不少。

在这种情况下，一些大型企业进军互联网金融，投资 P2P 平台，挽救了一些实力薄弱的 P2P 平台，让他们有了可以依靠的后盾，至少不再因为资金问题举步维艰。P2P 平台有了充足的发展资金，各方面的设备自然会快速升级，换来的结果必然是 P2P 行业更加规范化、专业化、规模化。

（2）P2P 行业的繁荣发展对投资企业的回报。

企业投资 P2P，初始阶段 P2P 平台需要企业的资金支持作为发展动力。一旦 P2P 平台正常、规范化运行之后，就会为企业带来丰厚的回报。P2P 作为融资平台，尤其是专业化、正规化的 P2P 平台，融资能力自然不会让人失望。企业可以借助 P2P 平台，更好地吸引各方资金，扩大资本储藏空间，加速自身的转型。

但是，企业投资 P2P 行业，造成的不良影响也是有目共睹的。

近年来，随着互联网金融的发展，大量资金流入到P2P网贷平台。许多企业进军P2P行业，大多也是冲着互联网金融的“钱途”。尤其是一些传统金融企业，受到互联网金融的“排挤”，手头日渐拮据，想回到以前“躺着赚钱的时代”几乎是不可能了。为了迎头赶上，一些传统金融企业加速进军互联网金融领域，尤其是火爆的P2P行业。

虽然传统金融企业的思路值得肯定，但是结果却并不令人满意。平安保险上线陆金所，就是典型的案例之一。

陆金所是平安保险旗下的P2P网贷平台，但是自上线以来，并没有取得很好的发展效果，反而一直受人诟病。收益率低，还贷期限长等局限性，让其很难得到迅速发展。问题的根源在于，陆金所已经脱离了网贷的实质，而是带着深深的传统金融习性。

从陆金所的案例可以看出，许多传统企业投资P2P市场，存在盲目跟风的情况，对互联网金融的实质并不了解。跟风的结果就是扰乱了P2P市场的纯洁性，成为这个行业的搅局者。对于传统企业来说，这种不成熟的投资方式不但没有让其分得互联网金融的一杯羹，反而赔了钱又损坏了名声。

● 企业进行P2P投资的注意事项

国内的P2P市场，尚处于跌跌撞撞的成长阶段，自身的不稳定性和风险性，时刻提醒着投资者要谨慎行事。

企业“一窝蜂”地投资P2P行业，显然也是一种冒险行为，这种冒险分为两个方面。

首先就是市场的风险。金融投资市场本来就是风险极高的市场，P2P行业可以说是互联网金融中风险最高的领域。

对于许多人来说，P2P还是一个陌生的名词。对于中国来说，P2P也是最近几年才发展起来的市场，算是一个全新的领域。这个行业在中国诞生以来，就以较高的收益率著称，平均收益水平保持在12%~20%之间，这种收益率几乎秒杀了互联网金融的其他所有产品。

俗话说，“高收益必定会有高风险”。在这个市场上，高风险的确是绕不开的话题。据统计，仅2015年3月，就有52家平台出现了不同程度的运营问题，跑路的也不在少数。其实大多数P2P跑路的平台并不是有意诈骗，而是由于经营不善，带来了种种不可挽救的局面。经营不善，竞争激烈，也是这个市场的风险表现之一。企业如果投资了这样的平台，那么承担的风险也是不可预测的。

企业投资P2P的另一个风险，就是国家监管的政策风险。由于P2P行业是一个新生事物，而且发展势头十分迅猛，央行和银监会等管理机构还没有摸清它的底细，因此目前并没有针对P2P行业的发展制定正式的监管措施，而是采取了任其发展的宽容态度。

宽容并不代表纵容。不久的将来，可能是今年，也可能是明天，国家监管部门的监管政策就会出台。届时，P2P市场将会迎来一场翻天覆地的“大整顿”，许多不符合标准的P2P平台，一定会被无情地淘汰，留下来的只是一小部分专业的有实力的平台。

因此，企业在投资P2P平台时，一定要注意平台的选择。有的企业直接转行做P2P投资，更要注意平台的专业性，尽量保证平台的各项运作流程远离监管红线。洁身自好，才能明哲保身。

今后的P2P市场将会更加多元化、开放化、专业化，这种发展方向为企业投资P2P市场树立了信心，同时也带来了极大的挑战。这种发展结果会让投资门槛越来越高，监管力度也会越来越强，因此，要想投资P2P市场，首先从改善自身开始吧。

第七章
比特币
赢在未来的数字货币

比特币属于数字货币，但数字货币并不只有比特币一种，那么为什么只有神秘的比特币“一炮走红”了呢？这与比特币自身独特的优势和不可估量的未来发展前景密不可分。本章我们就一起走进比特币的世界，全面了解它的与众不同之处。

1. 比特币：互联网时代的货币投资

2008 年，一个名为中本聪的人（也可能是一个机构）发表了一篇论文，第一次系统地阐述了一种虚拟货币——比特币。2009 年，中本聪通过比特币客户端发行了首批 50 枚比特币，自此，比特币才真正意义上诞生了。然而，比特币真的是货币吗？它真的能被互联网广泛接受并应用吗？

● 虚拟货币，有没有投资价值

曾有机构发布公告，称比特币不是真正的货币，虽然它可以作为虚拟货币进行买卖，但是不能作为金融交易的货币使用。

比特币到底是不是货币？这个问题在金融界掀起无数次激烈的争论，其中比较权威的观点一致认为，比特币不是货币，没有价值。

比特币是经过高度加密的一组数字代码，用户可以通过比特币交易平台实现比特币的购买和交换。但是买进的比特币并不是实物形式的货币，而是一组代码，这组代码储存在你网络账户“钱包”里。

比特币可以用于购物，但是只能在承认比特币价值的网站或者实体店铺使用。如今许多国家已经承认比特币的交易价值，并且不需要兑换本币，可以说它是一种国际性的通行货币。

比特币真的是通行于世的世界货币吗？有投资价值吗？要想搞清楚这个问题，首先我们需要知道什么是货币。

在原始时代，如果你想要买东西，就要拿实物交换实物。这种交易方式的流动性极差，非常不方便。货币出现后，市场的流动性加强，交易变得越来越简单。早期的货币有贝壳、金银等，这些货币的共同特点是：它们均是有价值的物品。纸质货币发行后（现代货币大多是纸质货币），货币才失去了自身的价值。

也就是说，现代货币是没有价值的。一张百元大钞，你可以到市场上买两箱牛奶，也可以买七八斤猪肉。但是并不是说这一百元货币等同于两箱牛奶或几斤猪肉的价值，而是大众承认它值得换取这么多商品。如果大众不承认它的价值，那么它和其他扔在垃圾桶里的废品没有任何区别。

因此，现代货币的价值已经不在于它本身，而是在于大众认不认同它。只要大众接受某种货币，那么它就有存在的价值。这么看来，比特币也可以算是某种意义上的货币，因为虽然它本身没有任何价值，但是有很多人接受并认可它。

发明比特币的中本聪十分神秘，我们甚至不知道他到底是一个人还是一个机构。但是他绝对足够聪明，他用一种高深复杂的加密算法，制造出一批电子虚拟货币。这个货币还有一个最重要的特征，就是发行数量有限。

稀缺性是所有值钱东西的共性。比特币的发明者声称，到2040年，比特币将达到最高发行量2100万个，之后将不会再有任何一个比特币问世。这其实是一种变相的炒作，试图依靠它的稀缺性吸引更多人的关注。如果比特币发行之初，一个比特币可以换一块钱，到了 2040 年，比特币的数量达到最高值，但是由于比特币的可分拆性大大缩小，所以一枚比特币不知要换取多少一元钱了。

比特币的价值关键在于大众是否会一直追捧它，接受它。如果受追捧的状况持续下去，那么它完全可能成为像美元一样的世界通用货币。但是它的可怕之处在于，万一哪一天大众突然发现它其实存在许多不合理之处，不承认它的价值，那么比特币泡沫破裂的势头将无法阻挡。

对于比特币的投资，投资者还需要保持清醒的头脑，看清行情，然后再决定是否出手购买。

● 比特币展现的是互联网精神

比特币其实是互联网金融的一个方面，由于其所有交易过程全部在网络中实现，因此难免要体现互联网的一些精神特点，去中心化则是比特币最突出的特点。

比特币只是一连串的加密代码，没有实物的呈现形式，更没有像央行一样的发行机构，它只需要你有一台电脑，下载挖掘软件，就可以去淘金挖矿。可以说这种不需要任何发行机构，不需要任何信用机构作担保的货币，是人类历史上第一次出现，是真正的去中心化的货币。

去中心化是互联网时代的普惠方式之一。在网络上，人人都是主角，你可以随意选择看什么样的电视，听什么样的音乐，接受什么样的新闻，还可以自己做新闻发布者，上传有趣的消息。我们不再被动接受某些权威机构的言论，互联网时代没有中心的权威，只有你自己。

比特币去中心化靠的是技术。

在这个淘金系统里，参与进来的人都是挖矿者。矿工们站在一个共同的平台里，靠自己的电脑挖掘软件，通过复杂算法的运算，破解密码，挖掘出比特币。所有的矿工形成一个系统的监管团队，他们自行监管。可以说，比特币的挖掘平台是一个没有指挥者、权威者和道德约束的系统，操控这一切的只是一套严密的算法规则，也就是互联网技术。

如果比特币的这种去中心化技术运用到更广阔的空间里去，那么传统领域各方面的中心将会逐个被消灭。互联网技术运用到各个领域可以产生更多新的中心，替代传统的少数中心，创造出更公平、更合理的社会。在那样的社会，每个人都能自由地发挥各自的自主性，只要能力突出，就能成为瞩目的中心人物。

挖掘比特币，真的只是为了被疯炒的比特币身价吗？其实不然，更多的挖掘者可能只是享受那种在挖掘时的忘我状态，以及实现自我价值的极大满足感，而这种满足感正是比特币的去中心化特质赋予的。

2. 比特币的投资价值

比特币是互联网金融里十分危险的投资理财产品，因为它的暴涨暴跌让这种投资多少有点赌博的性质。但是，如果你是一个胆大的投资者，那么比特币的投资价值还是值得你行动的。

● 交易：获取短期价值

瞄准比特币的短期投资价值，主要在于它过山车似的“暴涨暴跌”。

没错，投资者玩比特币，如果没有一颗强大的心脏，很有可能会“出事”。可以想象，假如你昨天买入一个比特币的价格为500元，今天可能就会跌至100元，或者你昨天买入的价格为100元，今天涨至700元，你会有什么样的反应？这种例子只是10倍以内的涨幅，比特币的投资甚至可以有几十倍、上百倍的涨跌，是名副其实的“过山车”。

比特币刚出现那会儿，并没有引起人们的注意，身价自然也是微乎其微，只是少数开发人员的“游戏币”而已。但是近年来，比特币突然间来了个大“翻身”，尤其是在2013年，从1月份到4月份，比特币的价格从15美元左右暴涨至266美元，这个涨幅的确让人大跌眼镜，叹为观止。但是，作为投资者也不要太冒进，因为就在4月份的短短几天内，比特币的价格就突然跌至59美元左右，这让许多比特币持有者的心情紧张到“窒息”。

比特币价格的大起大落，难免有炒作的嫌疑。但是也正是这种类似投机的炒作，让我们看到了它的短期投资价值。

因为短期价格忽起忽落，那么我们就可以瞄准时机，在比特币价格跌至谷底时买入，然后等待短期升值后卖出。当然，跌幅多少才能算是谷底，一般人是很难把握的，需要投资者根据自己的风险承受能力和资金实力去衡量。根据比特币的行情，不需要等待多久，就会再次大幅升值，但何时才是升值的最高点，这个也需要投资者自己把控。见好就收是保险的方式，否则等待太久，可能又会突然跌落，一文不值。

通过这种短期的买进卖出，投资者可以从比特币“过山车”的行情中轻松实现“套利”，这种结果也是最理想的状态。但是比特币市场本身存在许多不确定因素，一些微妙的变化就可以引发严重的后果。这些不可知的因素是投资者无法把握的，造成的损失也让许多投资者承受不起。

因此在投资比特币时，把握好分寸是制胜之道。

如果要交易比特币，目前在国内有以下几个交易平台可供选择：“比特币中国”交易平台、火币网平台。另外，淘宝上也有许多店铺专门出售比特币，属于小型的交易平台。

比特币在中国的交易十分火爆，目前全世界的比特币交易份额里，中国占据了60%左右。因此，比特币在中国的发展前景不容小觑。

● 收藏：瞄准长期价值

除了短期的交易价值，比特币还可以进行长期收藏，以获得更高的投资价值。

只要比特币不被“封杀”，那么它就会有长久不断的生命力和美好的未来。其实，大多数人对比特币的质疑主要是基于它的虚拟性，没有实实在在的钞票有质感，也没有实实在在的央行有权威力。但是不要忘了，钞票和比特币其实都是没有价值的。至于钞票的后台，是类似央行这样的国家机构，其实比特币的背后也有一个后盾——加密算法和程序。

未来的社会必是数字化社会，我们需不需要纸质的货币真的不好说。或许今后我们只需要一台电脑，一个手机客户端，就可以实现生活中所有的交易，满足日常消费的各种需要。比特币就是这样一种虚拟货币。在数字化时代，纸质货币将会被虚拟货币取代。

未来的比特币可以购买房子、车子、各种生活日用品等，甚至可以用来购买其他投资产品，比如股票、基金等，未来比特币成为世界通行的货币也不是没有可能。

任何新事物的出现，都会引起大多数人的质疑与不安，这是很正常的现象。比特币如今就处于被怀疑批判的婴幼儿阶段。投资者如果坚信比特币有美好的未来，成年之后必成大器，那么不妨先“收养”一些如今并不怎么显眼的比特币宝宝们，等它们长大，就会回报你的“养育之恩”。

总体来说，比特币的投资价值并不仅仅局限在短期的收益上，也不该被国人疯狂地炒作，当作一夜暴富的投机方式，而是应该冷静地看待比特币本身的价值与未来的发展趋势，再考虑适不适合比特币这种投资方式。

3. 比特币的三大风险

比特币的风险一直是金融界热议和担心的话题。的确，由于它这种大起大落的价格，让投资者甚至是资深的专业人士，都对它有所迷惑与警惕。以下从三个方面谈谈比特币存在的风险。

● 较高的投机性

从出生时的一文不值，到如今已经身价暴涨，比特币一币难求。为了方便比特币的交易买卖，有些国家甚至推出了比特币 ATM 机，直接进行人机兑换。

比特币和纸币最大的区别就是：纸币有现实的权威发行机构，而比特币则是依靠一组虚拟的算法运算得来。你用纸币买东西，换取了商品之后，纸币必须交换给卖主，这样就实现了钱和物的交易。而比特币的交易，则是将使用过的数码公示，比特币持有者需要自己去查询该组数码的交易记录。

这种交易显然缺乏信用保证，缺乏实体经济的支持，所以比特币不能被称为“电子货币”，只是一种可以进行网络交易的“虚拟货币”。许多投资者甚至是公司承认或者购买比特币，大多数是因为看到比特币迅猛的涨幅，以期收获高额的利润。

比特币的价格不断疯长，大多是一种投机炒作行为，并没有实体经济作为支撑。比特币依托其去中心化、便捷性等优势，可以有光明的未来，然而却被炒作成一种投机商品，实在是比特币发展道路上的不幸和阻碍。如果比特币价格持续疯长，持有者只会一直紧紧抓住不放，期待更大的升值空间。相反，如果比特币价格一路狂跌，那么谁愿意承认它的价值？

另外，比特币的匿名性也让许多不法分子有机可乘，进行投机交易。使用比特币进行交易时，交易记录和支出结余均是透明可见的，但是唯一不可见的就是使用者的身份。一个人可以变相拥有 N 个账户，也就可以自买自卖，自导自演地炒作，哄抬比特币的价格。

最后，比特币如果想拥有光明的未来，必须自觉打击投机倒把的行为，制定行业规范，让每一个比特币持有者自觉维护比特币的成长，这样比特币才能拥有光明的未来。

● 安全存储风险

人民币可以存入各大实体银行，只要银行不倒闭，你就不用担心自己的钱会不翼而飞。即便银行真的倒闭了，你也可以凭借相关的证据向国家或者保险公司索赔丢失的财产。比特币丢了怎么办？比特币会丢失吗？

比特币不仅会丢，而且是一旦丢了就无法追回，没有人也没有任何机构会对你的资金丢失案件负责，也不会有人赔偿你的损失，只能后果自负。

比特币市场为什么会如此不负责任呢？主要有以下四种原因。

首先，比特币市场具有高度的匿名性。比特币交易过程中，交易金额和交易结果都是可见的，唯独交易的账户不可知。这样就给很多不法分子提供了犯罪机会。一旦盗窃了你账户里的比特币，将无从追究。

其次，比特币的交易平台完全是虚拟的网络，网络本身就有很多不确定性，存在被各种病毒侵袭的危险。比特币不像淘宝等电商有第三方支付系统做保障，资金储存在平台里，没有第三方支付系统为它保驾护航，失窃率自然会高很多。

再次，比特币交易平台的安全性也令人担忧。在买卖比特币时，所有交易的比特币和人民币都在平台负责人的账户里，如果平台运营不善，或者负责人心怀不轨，很容易携款潜逃，给投资者留下的就只有一组毫无意义的代码。

最后，比特币的交易平台很容易受到黑客的袭击，导致平台瘫痪或者资金丢失。瑞星公司某季度曾拦截到1503个侵袭比特币的病毒样本，感染这种病毒的比特币用户，账户里所有的比特币会被洗劫一空。可见，比特币的超高身价已经引起了一些黑客的觊觎，利用互联网的便捷制造病毒和污染，趁机盗取比特币。

比特币的确存在很多安全隐患，人人都在觊觎它的价值，想要从中捞一把。然而，投资者并没有认识到比特币的脆弱性，一旦失窃，只剩下一连串字符，没有任何价值。

● 缺乏法律制度保障

比特币市场之所以让投资者缺乏信心，还有一个十分重要的原因，就是缺乏制度保障。目前，国内并没有针对比特币交易采取有关的监管措施，也没有相关的法律作为参考，这就间接助长了比特币行业的不规范与盗窃行为的发生。

国内其他电子货币，比如QQ币、各种游戏币等，都在第三方平台的监管之下，运行还是十分规范的。比特币由于其匿名性，没有第三方支付系统的参与，再加上其本身只是一串代码，使得对于比特币的监管处于灰色地带。

在没有监管压力之下成长起来的比特币，高低起伏的价格和虚拟的交易系统，使比特币存在诸多安全隐患。如果不纳入监管体系之下，迟早有一天，比特币市场将面临“崩盘”的危险，投资者的利益无法得到保障，财产安全将遭受严重打击。这样的市场绝对不是可以信赖的市场，也不可能持续发展下去。

比特币市场必须尽快纳入国家监管体系之中，一方面要打击这种盲目追捧和投机的行为，另一方面要明确合法与非法的界限，严格处理违法行为，努力营造一个安全的比特币交易环境。

就比特币目前的发展状况来看，比特币市场并不乐观，超乎投资者忍耐力的虚拟性和时刻在搅局的黑客们，甚至还有平台自身的安全隐患等问题，让比特币很难健康成长起来。目前比特币过山车的身价，是市场畸形发展的炒作投机行为引起的，投资者切忌盲目跟风，一定要随时提防比特币泡沫的破裂。

4. 比特币的获取和交易

比特币升值的速度让许多投资者羡慕不已，如果你也想拥有一枚比特币，获得不可估量的财富，会有哪些获得途径和交易方式呢?

● 比特币的三大获取途径

目前，国内获得比特币的途径主要有以下三种方式。

(1) 拼人品，友情赠送。

相信比特币玩家都有这种感受：比特币可遇不可求。因为比特币是限量发行，绝不会因为需求膨胀而多发行一枚。如今的比特币行情却是处于供不应求的稀缺状态，获得一枚宝贵的比特币，靠的不仅仅是技术，还需要超强的人品。

如果你有朋友是比特币超级玩家，那么不妨主动一点，向他索要一枚比特币。或者你相信自己的人品，让他主动赠送你几枚。

但是这种方法显然不怎么靠谱，毕竟以比特币如今的火爆程度和身价直线飙升的前景来看，应该不会有那么大方的朋友会轻易放弃一枚比特币

“施舍”与你。

（2）做“矿工”，自己挖掘。

与其苦苦等待别人赠送，不如自力更生艰苦挖掘。别忘了，这是比特币最原始的获得方式。

首先你要有一台电脑，然后安装最新版的比特币客户端，即可开始你的淘金旅程。比特币发明之初，许多挖矿技术好的矿工，通过不懈的坚持，可以收获不错的收益。然而如今的行情是挖矿的人成千上万，而比特币却一次只有 50 枚放出。

如果你坚持使用这种最笨的方法，也不是没有希望，但是如果你运气不佳的话，可能需要坚持不懈地挖上几年，才能获得一枚比特币。为了改善这种挖掘困境，现在许多矿工都会组织工会，大家团结在一起挖矿，人多力量大，成果自然比一个人单打独斗好得多。

（3）买卖比特币。

如果你实在挖不到比特币，那么还是劝你回头是岸吧，最快最直接的方法就是去买卖比特币。

一方面你可以到出售比特币的正规平台购买。按照现在的市场价格，一般一枚比特币需要 700 元人民币左右。这个价格的确有点高，你也可以等待它下跌的时候再入手。另一方面，你可以自己做商人收购比特币。淘宝上就有类似的店铺，专门收购比特币。

但是，比特币总的行情是供不应求的，未来开采比特币更是难上加难。

● 人机交换——比特币 ATM 机

比特币 ATM 机，就是比特币自动取款机，是 2013 年底出现的一种虚拟货币取款机。人们可以通过它自由购买比特币，甚至可以兑付现金。但是，比特币只是虚拟货币，ATM 机并不能像吐钱一样真的吐出比特币，而是通过机器扫描二维码，自动把相应的比特币转入你的网络账户里。

世界上第一台比特币 ATM 机出现在加拿大的温哥华，被放置在一家咖啡店里。在这台机器上存入加元，就可以自动兑换相应的比特币并转到自己的网络账户中。当然你也可以变卖比特币，取出加元，但是每天的上限金额为 3000 加元。

我国第一台比特币 ATM 机出现在上海张江高科技园区的一家咖啡厅里。在这台机器里，人们可以用人民币直接购买比特币，1 元人民币相当于 0.370 毫比特币。但是这台机器暂时只支持人民币兑换比特币，不支持比特币兑换人民币。

如果你想在 ATM 机上购买比特币，那么首先要在"比特币中国"上注册一个账号，登录之后，把钱包二维码下载打印出来，然后在机器的信息读取区域扫描二维码，向 ATM 机存入相应的人民币，就可以购买比特币了。

● 了解和选择比特币交易平台

比特币被疯狂炒作，身价如过山车一样暴涨暴跌，不少人没有看到它的风险，反而跃跃欲试，想要进入这个领域，抓住机会赚上一笔。但是需要提醒大家的是，比特币容易受到黑客攻击，而且一旦比特币被盗，造成的损失是不可逆的，也就是没有人会为你的损失负责。

了解和选择优质的比特币交易平台是很有必要的，是否是优质的平台，需要从以下几个方面考察。

（1）比特币交易量多少。

国内目前有十几个比特币交易平台，数量还有上升的趋势，但是比特币数量的上涨是很慢的，因此分配到每个平台之上更是十分稀少。一个平台的实力，就要看它拥有多少比特币，交易数量越多，越能说明该平台拥有很高的信用机制，这样的平台就值得广大比特币玩家信赖。

（2）有无强大的资金支持。

一个强大的平台背后，必须有强大的资金支持。如若自己本身难以维持，仅仅靠客户的沉淀资金维持生计，绝对是不靠谱的平台。

强大的资金支持，可以保证平台有效运营，也有足够的能力保障客户兑现，保证交易的顺利进行，拖欠资金和跑路等现象也会很少出现。在这种平台进行交易，用户至少不用担心比特币丢失或者出现提现困难等情况。

（3）交易手续费高低。

没有真正免费的东西，比特币交易平台和其他互联网金融平台的不同之处，就是用户需要缴纳手续费，而且这个手续费还不低。当然也有平台为了吸引客户，声称不需要交易手续费。这种平台最好还是不要相信，因为其中一定有什么猫腻。

既然必须要缴纳交易手续费，那么可以选择手续费适中的平台，这样的平台相对比较正规，一般在 0.3% 左右都是合理的。

（4）安全是否有保证。

安全性永远是投资理财最看重的因素之一，没有安全保证的平台绝对不是好平台。怎么判断一个平台是否安全呢？首先要清楚平台是否有 ICP 备案，而且必须是企业备案。其次，要了解平台的保密制度如何，交易信息是否有泄漏的风险。要多方面综合考察平台信息的保密措施，以防黑客侵袭。

● 比特币的买卖操作流程

比特币 ATM 机并不是主要的比特币买卖平台，最常用的买卖平台是网络客户端。下面就以比特币交易平台火币网为例，展示比特币买卖操作过程。

首先介绍如何买入比特币。

步骤一，搜索“火币网”，点击进入首页，可以看出当前的比特币价格趋势图。

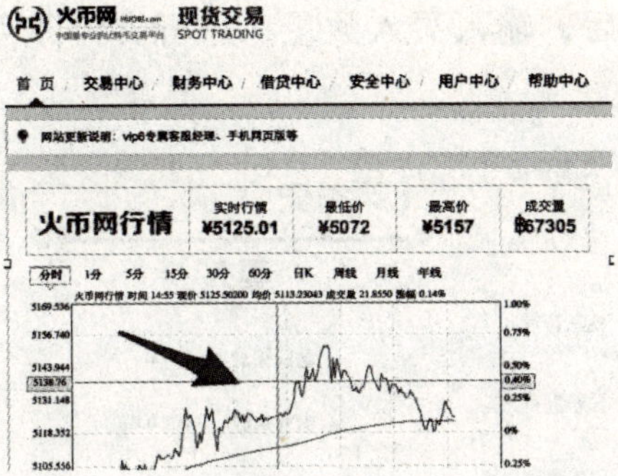

图 7-4-1

步骤二，点击“交易中心”，进入比特币买卖页面。

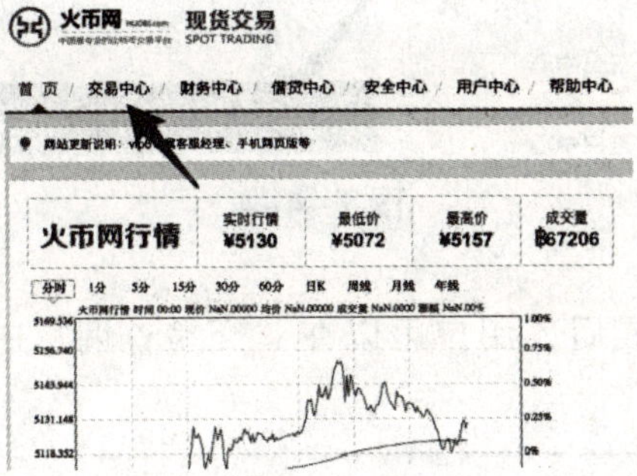

图 7-4-2

步骤三，选择交易中心页面的“买入卖出”菜单，这里可以看到最佳的买入价格。根据第一步中显示的价格趋势图，投资者可以决定要不要买入。

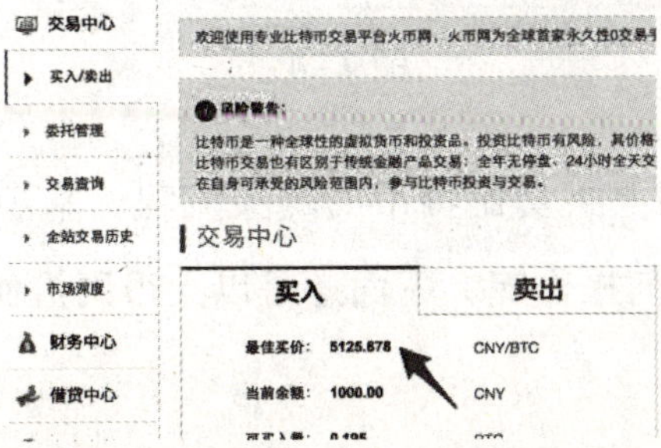

图 7-4-3

步骤四，确定之后，输入买入数量，进行支付即可买入。

图 7-4-4

步骤五，交易完成后，用户可以在“交易查询”中查看交易记录。

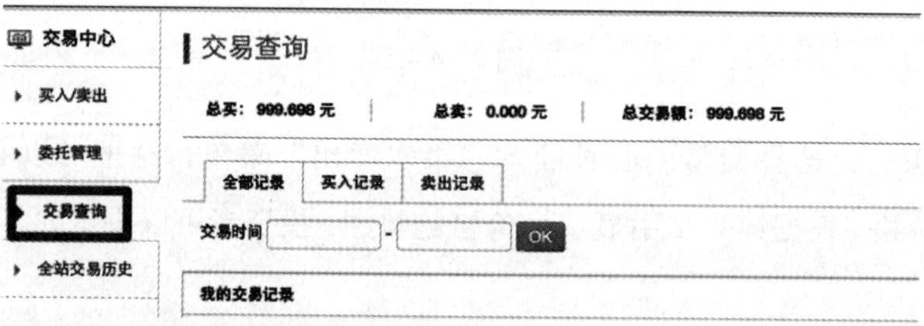

图 7-4-5

以上是在火币网上买卖比特币的购买流程。基于某些原因，如果你想要卖掉比特币，该如何操作呢？下面还是以火币网为例进行演示，实际操作如下。

紧接着以上流程，在“交易中心”点击“买入卖出”，再选择“卖出”，输入你的卖出量，即可完成卖出交易。

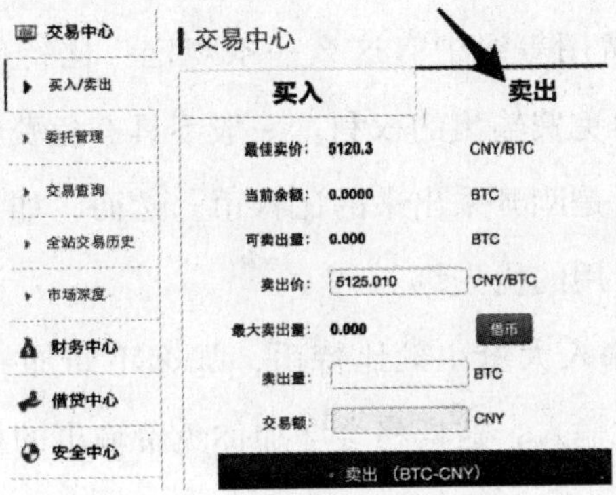

图 7-4-6

随后根据自己当前持有比特币的数量，输入卖出数量，点击“卖出”按钮就可以了。

● 比特币交易费用机制

比特币虽然是虚拟货币，但是却有着和现实货币一样正规的交易费用机制。就像跨行存取款需要缴纳一定的手续费一样，进行比特币交易也需要所谓的手续费。

什么时候需要缴纳手续费？比特币费用机制是如何清算的呢？通过以下专业知识介绍，相信你会有所了解。

（1）限制微额支付。

比特币交易中收入的比特币被称为“输入”，支出的比特币被称为“输出”。每一笔支出和收入都记录在你的钱包里。比特币交易费用机制明确规定每笔输出小于 0.01BTC，必须支付 0.001 BTC 的手续费，即使你只是在自己的不同账户里来回转账，也要收取这样的手续费。

之所以做出这种限制，是为了维护网络的稳定性，避免微小而频繁的支付扰乱平台网络系统。因此在交易中，要避免这种耗时耗钱的小微转账。

（2）支付费用的优先等级。

在比特币交易费用等级中有这么一条规定：比特币的数额越大，币龄越高，越有机会获得免费输出的权利。一般不具有免费资格的，多是由于发送的金额太小，或者是刚开采出来的比特币。然而，如果你想获得免费输出的资格，就要利用费用的优先级。

如果你确实要输入大量小额比特币，那么不妨加一些数额较大、币龄比较高的比特币同时输入，这样将会增加你免费输出的机会，或者减少支出的费用。

由于比特币是新生事物，也是最近几年才被炒红的“行业”，因此，在此提醒各位投资者谨防比特币泡沫，毕竟它只是一组代码组成的虚拟货币而已。

5. 什么是比特币钱包

比特币钱包是什么？简单地说，就是存储和使用比特币的工具。就如淘宝购物的支付宝一样，是用来购物的钱包。下面一起来了解一下比特币钱包的分类及使用技巧。

● 比特币钱包的主要类型

比特币的火爆，催生了各种各样的比特币钱包，各类钱包优势各异。对于新手来说，选对一款适合自己的钱包十分重要。以下是各类钱包的图示。

图 7-5-1

其实，比特币只是一组“凌乱”的数字代码，为什么需要钱包储存呢？比特币钱包并不是保存比特币，主要是保护比特币的那组数字，因为它是独一无二的，是被认可的价值所在。比特币钱包最主要的功能就是存放私钥，私钥是比特币的价值保证。

那么比特币钱包可以分为哪几种呢？

（1）冷钱包。

冷钱包安全可靠，但是使用麻烦，流动性差，一般需要一台不联网的电脑，同时要安装比特币客户端，发送交易等则需要用U盘在离线和有线电脑上来回传送交易信息。传送过程中，U盘可能会受到病毒的侵袭，而且耗时耗力，因此这种钱包很难普及使用。

目前，冷钱包在技术方面也做了升级，可以安装到手机里，不再仅仅局限在电脑上，较之前的传统冷钱包有了很大的进步。冷钱包只是相对比较安全，并不是绝对安全，使用时要注意做好备份工作。

（2）本地钱包和在线钱包。

本地钱包和在线钱包的不同之处在于存放的位置不同。本地钱包可以直接存放在电脑和手机上，而在线钱包则是将加密后的私钥放在服务器里。就安全性来说，其实两者差不多。个人手机和电脑都有在联网时被病毒侵袭的可能，导致钱包中毒瘫痪。存放在服务器上的私钥，也有被黑客破解的风险。

想要加强两者的安全性，比较实用的方法就是设置一个复杂的密码，除非是很厉害的黑客，否则破解你的密码将是很难的一件事。

在线钱包和本地钱包使用便捷，流动性强，并且在线钱包可以在网上随时查看，不仅仅局限在某台电脑或者手机上，相较于本地钱包更为便捷。

（3）多重签名钱包。

多重签名钱包，实际上是指一个钱包不仅仅只有一个私钥，而是至少有两个以上的私钥密码。一般钱包只需要比特币持有人设置一个钱包私钥密码，然后在需要交易时登录客户端输入密码即可。多重签名钱包则至少有两把钥匙，一把你可以自己保管，另一把可以交给服务器保管，必须两把钥匙同时使用，才能打开比特币钱包。黑客们最讨厌这样的钱包，因为即使破解了一个密码，结果发现还有一个，此时放弃盗窃你的钱包是他们的无奈之举。

使用这种钱包，账户安全自然是多了一层防护，但是它也增加了你的使用难度。最让你崩溃的是，万一你忘记了其中一个密码，钱包里的比特币也将不再属于你。因此，使用这种钱包时，一定要注意保存好你的钱包密码，千万不能忘记了。

（4）链下钱包。

所谓链下钱包，就是你把比特币钱包的保管权转交给钱包公司，你自己不需要拥有私钥，交易公司统一管理你的账号。发送和接收比特币的交易记录，都由钱包公司帮你记在账上，但是这些交易记录并没有写在比特币区块链上，所以称之为链下钱包。

这种钱包私钥保管权的转移，可以让比特币玩家更加省心，不用为黑客袭击担惊受怕，也不用为忘记密码而手足无措。但是，链下钱包的不足之处在于，链下钱包里面的币值不是真正的比特币币值，只是一个数字而已，具体兑现时还要找钱包公司进行兑换。

（5）脑钱包和纸钱包。

这里所说的脑钱包和纸钱包，其实并不是服务器上的钱包，确切来说，只是一种钱包的保存方式而已。

我们知道，比特币其实就是一连串毫无意义的代码，通常我们只是把它保存在 U 盘或者电脑里。然而，如果你不够放心，就可以试试纸钱包和脑钱包。

所谓纸钱包，就是你把比特币的私钥打印在纸上，有了实物作载体，你就不用担心它看不到摸不着了。需要注意的是，承载私钥的纸质要有保证，不要太劣质，注意防水防火。

什么是脑钱包呢？顾名思义就是用脑子记住这一串代码。这当然是最保险的方法，记在脑子里的东西永远都不会丢失。但是这种方法的不足之处在于它的难度，记忆一个电话号码容易，但是要记忆一组毫无规律可言的代码，实在让许多人吃不消。如果你对自己的记忆力不是那么自信，还是不要轻易尝试这种方法。

● 比特币钱包的使用技巧

对于比特币新手来说，手上可能拥有少量的比特币。但是不要骄傲，你的比特币安全吗？如何照看好比特币“宝宝”们？这些都需要你懂得一些必要的比特币钱包使用技巧。

无论在钱包里做什么交易，或者修改了某项资料，最重要的是设置私钥，一定要有备份意识，做好相关的备份。最好有两个以上的备份，必要的话可以把私钥打印出来。

首次接触比特币钱包，你需要设置一个钱包密码。注意，设置的密码要尽量复杂。不建议使用生日或者某些纪念日作为密码，因为这些信息在网上重复出现，很容易被黑客破解。

使用比特币钱包，最悲剧的莫过于忘记了密码。明明是你的比特币，可是没有密码，它只能躺在虚拟的网络里孤独终老，或者期待黑客把它带走。记住，要像保存你最心爱的宝物一样保存密码。

当你的电脑上安装了比特币钱包，就要注意给你的电脑进行定期杀毒。木马病毒无处不在，你能做的唯有小心谨慎。不要随便下载不相关的软件，定期给电脑做个全身体检。

如果你拥有大量的比特币，除了要恭喜你之外，还要善意地提醒你，注意私钥的存储方式。你可以选择备份等方式，但是建议你冷藏起来，打印成纸质实物保存起来，毕竟有那么多人觊觎你的比特币呢。

以上就是关于比特币钱包的介绍。作为新手的你，在使用前，一定要细心选择适合你的钱包，别把“钱”放错了地方，更不能忘记“钱”放在了哪里。

6. 比特币的安全控制

比特币是一种数字货币，通过网络交易的简化，降低了交易成本，不需要任何银行机构的发行和控制，是第一个去中心化的货币。然而，在比特币交易中，安全性仍然是最令人担忧的问题之一。

● 存储安全：保护好自己的设备

比特币的存储安全其实就是指比特币钱包的安全，因为比特币是存储在比特币钱包里，只有在钱包里才能实现支付、收发和存储等功能。

比特币不是由任何金融机构发行的，因此只能自行保障钱包的安全。许多用户都有比特币被盗的困扰，却无处伸冤。Reddit平台上曾有一名用户，进行比特币交易之后不久，丢失了价值7万美元的比特币，然而，这也只能怪他没有注意比特币的安全储备问题。

如何保障比特币的存储安全呢？首先我们要从保护好自己的储备设备做起，保护好储备设备，也就是要保护好比特币钱包，以下提供一些保护比特币钱包使用安全性的小技巧。

（1）钱包里尽量少放钱。

现实生活中我们也有这样的体会，出门在外，如果钱包里存放太多的现金绝对不是安全之举，而是应该把钱放在银行卡里，身上只带少量生活所需的钱即可。比特币钱包亦是如此，由于自身的安全性难以保证，因此建议你在钱包里面存储少量需要交易的货币，其他的转移到更安全的设备之中，最好是不要放在联网的设备里。

（2）及时更新设备。

比特币钱包软件随着客户需求的不断完善，每款新的软件在安全性和稳定性方面都会有一定的突破，因此不要抱着你的老旧设备不放，随时关注软件的升级换代，适时地更换最新版的钱包设备，享受钱包平台提供给你的安全感。

（3）强效加密设备。

比特币钱包的使用需要你自己设置一组独一无二的密码，而这个密码是打开你钱包的唯一钥匙，需要你铭记在心，另外还需要强效加密方式。

设置密码时最好不要只是单一地使用数字、字母或者标点，而要包含字母、数字和标点等其他字符，越是复杂无序，越不容易被破解。而黑客也绝对不会优先选择盗取这样复杂的密码，或者他们会因为盗取这样的密码太耗时耗力而放弃盗窃行为。

最后还要提醒的是：一定要记住密码。不要为了防盗设置了超级复杂的密码，结果黑客没有盗走，你自己也忘记了，那你只能自认倒霉了。

● 交易安全：不图小利，提高警惕

做好比特币的储备安全防范工作之后，并不能保证你的比特币就是绝对安全的。因为比特币是需要流动的，也就是要进行交易，而在交易的过程

中自然会存在多种安全隐患。

在进行比特币交易时，投资者最容易被欺骗的原因就是贪图小利，也有可能是大利。而抱着这种心态去投资的用户们，往往是血本无归。

投资界最有名的“庞氏骗局”就是利用投资者追求利益的急切心情。庞氏骗局以虚高的利益为诱饵，吸引投资者向一个其实根本不存在的项目投资，然后利用后来投资者的钱去贴补之前投资者的利润，作出让投资者从中白拿利息的假象。

在投资比特币时，投资者必须要警惕这种骗局，以防上当受骗。近年来，比特币的疯狂涨价，蒙蔽了许多投资者的眼睛，使他们盲目投资这个领域。其实，比特币本身并没有那么大的威力，它到底能否成为真正的货币，还只是一个美丽的泡沫，都不好说。

不了解比特币的真实身份，不清楚它的优势和局限性，仅仅为了利益就跟风追逐，是相当危险的投机行为。一旦政府出台监管措施或者网络瘫痪等事故发生，所有的交易将会终结，比特币也将会是一场虚梦。

如果你决定进军比特币行业，进行比特币交易，那么给你以下几点忠告。

第一，尽量选择大型比特币交易平台。这样的平台本身具有很强的安全防范机制，可以减少许多后顾之忧。

第二，交易之前最好给客户端进行一次全身的“体检”，可以通过安装杀毒软件或者防火墙来实现。

第三，每笔交易最好都能做至少两个备份，防止数据丢失或者交易信息被盗以及泄漏私钥等隐患的出现。

比特币本身并不危险，危险的是想要把比特币炒成危险货币的幕后黑手。投资比特币，不要只看其虚高的价格，更应该树立安全防范意识。可以跟随比特币的投资热潮，但是绝不要盲目追逐。

7. 比特币的投资策略

比特币投资本身就包含有冒险成分，但是由于其不可想象的高利润，还是让许多投资者趋之若鹜。做任何事都要讲究策略，投资理财亦是如此。以下介绍几种比特币的投资小策略，希望能对你有所帮助。

● 心态最重要，别只看投资神话

人们常说“心态决定成败”，可见心态对于做事结果的重要影响。投资理财同样适用这句话。

比特币投资与一般的投资相比，更需要投资者拥有良好的心理素质，这是由于比特币市场自身特点所决定的。过山车般的猛涨猛跌是比特币投资的一大特点，所以，应尽量让自己心态平稳，不要因为价格的猛跌猛涨而盲目投资。

但是，大部分投资者看到的只是比特币的“猛涨”，却忽略了它同样骇人的跌幅。盲目地追求利益，不计风险地疯狂投资，显然是和投资的本质背道而驰的，后果也是可想而知的。

比特币为何会大起大落，与其背后炒作等不法行为是分不开的，投资者只看到了利益，没有冷静思考利益背后的问题，这种急不可耐追求利益的心态最容易被不法分子利用，最终导致投资者竹篮打水一场空。

保持良好的投资心态，不要把投资市场想象得太单纯美好，要有计划地投资，步步为营，清醒理智，谨慎小心是最好的状态。看淡输赢，重在参与，才能在投资理财市场实现长远的发展。不要忘了，这里是一个充满诱惑与风险的世界，一不小心，就可能被淘汰出局。

● 合理分配资金，小额进入

投资理财是每个人都必须接触的领域，即使是把钱存在银行里，这也算是一种储备投资方式。传统的投资定律告诉我们，“不要把鸡蛋放在同一个篮子里”，还有经典的“二八”理论，都是在提醒投资者要合理分配投资，不要把养老钱都放进一个领域。

比特币投资有很强的投机性，这就注定了它的风险绝对不会低。事实上，比特币的风险比一般投资方式都要高得多，投资者就更应该注意资金的分配，配置好投资比例。

作为刚入门的比特币投资新手，建议还是从小额投资开始。一方面，新手对于整个比特币交易流程没有完全掌握，操作起来难免出现差错，而比特币交易由于是全网络化流程，一旦出现失误，造成的损失是无法挽回的。另一方面，新手不能准确把握比特币的市场行情，盈利的可能性较小，对于小额投资，即使造成亏损，也不至于对投资者有太大资金方面的影响。

● 关注比特币概念股

比特币的疯狂涨势，让许多受益的概念股曝光在大众的视野中。最受关注的莫过于三五互联，一个星期以来涨幅近40%，这种惊人的速度让许多投资者羡慕不已，比特币概念股迅速成为投资界的新宠。

比特币概念股的“腾飞”归根到底还是受比特币疯长的影响。比特币依靠其难以伪造、全世界便捷流通、稀缺性等特点被更多投资者认可，如今的价格更是大有灼人之势，据某交易平台数据显示，一个比特币现今的身价可以折合人民币1000元左右，最高曾达到8000元一个的天价。

比特币火了，自然就会有许多追随者要争夺比特币发展所带来的利润，不仅仅是个人，其中还包括企业。三五互联就是众多追随者中的一个，它通过积极发展与比特币相关的业务，随着比特币的升值，它的股指也一路飙升，也就是我们所说的概念股。

因此，投资者不要把心思仅仅局限在如何获得比特币的疯狂追逐中，关注一下与比特币相关的概念股也是不错的选择。一些概念股投资的回报率可与比特币相媲美，关键是不像比特币那样一币难求。

● 数字货币多元化投资

比特币是一种数字货币，是由一组无顺序和意义的代码组成，本身并没有任何价值。但是由于各种复杂的原因，近年来比特币显然已经成为大众投资理财争相追捧的对象。相信越来越多的投资者已经有这样的感慨：对比特币相见恨晚。

比特币自2009年问世以来，经历了几年的潜伏期后，才逐渐以非常高的身价暴露在公众的视野中，而当它“高高在上”时，绝大多数的投资者尽管穷追不舍，也只能望洋兴叹。

原因很简单，比特币本来就是稀缺的东西，由于先到先得的优势，大多数比特币已经掌握在少数人手里，后来的玩家自然难以获得比特币。

投资者的眼光完全可以从比特币的光环中移开，因为数字货币不仅仅只有比特币一种，像紧追比特币之后的莱特币，虽然目前的身价还不能与比特币相比，但是它作为一只潜力股，正是投资者投资的最佳对象。

想要做个赚钱的投资者，就不能永远盲目跟风，要有自己独特的见解，才能获得更多的收益。多元化投资其他数字货币是投资者可以认真考虑的投资选择，你准备好了吗？

8. 比特币的商业应用

目前，比特币的投资市场可谓是千军万马过独木桥，绝大多数投资者争相购买出售比特币，希望能搭上比特币风风火火的末班车。然而，竞争实在太激烈，真正能获得比特币的玩家还是少数。

此时的比特币市场处于币少人多的饱和状态，盲目抢购比特币实属非明智之举。如何才能抓住比特币发展的机遇呢？需要投资者转变投资观念，不妨考虑一下比特币的商业应用价值。

● 比特币带来创业新机遇

比特币投资理财市场火了，引发了众人的追捧，投资者有没有想过如何挖掘比特币带来的创业机遇呢？

其实，比特币的商业应用绝不仅仅指比特币的投资理财方面，还包括其他方面。投资者何必和成千上万人抢夺如此难以获得的比特币呢？完全可以退居二线，服务一线投资者，为他们投资比特币提供技术或者平台支撑。

这就是比特币发展带来的创业新机遇。作为比特币的爱好者或者想要分得比特币市场的一杯羹，如果你拥有实力雄厚的资金，又能召集一帮懂技术懂管理的合伙人，那么创立一个比特币服务平台将是一个不错的创业项目。

如今的比特币交易市场已经暴露出各种各样的不足之处，如平台的安全性和稳定性难以保证，网络不稳定和黑客的偷袭，都使得投资者对平台的信赖度降低，为此只能多多备份，自求多福。而比特币市场的需求之大，又迫使投资者明知某些钱包平台有危险，最终还是选择它的服务。

这都是因为，目前的比特币钱包市场出现了供需不平衡的状态，投资者迫切希望得到优质服务的需求得不到满足。而此时如果能出现一个更加专业、安全的钱包软件平台，那么其发展前景将是十分光明的。

投资比特币钱包的开发与应用是比特币带来的创业机遇之一，还有其他许多方面的创业机遇在等待被更敏锐的你挖掘。

● 比特币催生支付新模式

比特币的优势还在于其独一无二的支付模式。这种支付模式主要有以下几种特质。

（1）不受地域限制。

不受地域限制的支付模式，是比特币支付的首要特质。比特币是目前全世界许多国家都拥有的数字货币，有的国家甚至还开发了比特币 ATM 机，方便拥有比特币的玩家随时存取。这让比特币的发展打破了地域的限制，你在中国就可以向地球另一端的美国玩家发送比特币，进行交易行为。

这种跨区域的支付模式，的确是一种伟大的创新。如此一来，比特币从某种意义上成为世界货币。美元在全世界被普遍承认，但是到了某些国家还是需要按照一定的汇率兑换成本国的金钱，这自然是件麻烦的事。欧元的发行，普惠的也只是欧盟国家的人民，然而比特币普惠的是整个世界的人民。

（2）快捷、手续费低廉。

10分钟之内你的比特币就能在地球绕一圈，从南极到北极来一个来回，不仅消除了地域的限制，还最大化地消除了时间的限制。另外，无限额和超低廉的手续费也让你觉得这种货币真的是为便民而生的。

传统的银行跨行交易收取的手续费往往让用户觉得很不公平，而且还无处可以伸冤，简直就是霸王条例。汇款到账时间往往也需要3天左右，即使你急需用钱也不能全部取走你的存款，因为有最高限额限制。

比特币的出现，让你的烦恼一扫而光，这是真正的便民服务。它的快捷、无地域限制、无限额等优势开创了一个支付新模式，也将引导着金融支付的改革与创新。

● 用比特币畅游世界

周游世界几乎是所有热爱生活之人的梦想，比特币的出现，可以帮助你轻松实现这个梦想。带上比特币，带上行李，就可以畅游世界。这不是在忽悠你，故意抬高比特币的身价，只是单纯从比特币支付的特点上来说，它完全可以解决你对钱的所有困扰。

比特币的便捷支付模式方便了我们的生活，也改变着我们的生活。拥有比特币，环游世界再也不用担心每到一个国家为钱币的兑换而烦恼了。因为比特币世界通行，只要你去的国家没有禁止它的发展，那你就能用它“为所欲为”，换取各种商品。另外，如若幸运的话，遇到直接可以用比特币买单的店铺，就像刷卡一样连现金都可以省略，完全实现线上支付。

比特币长久发展下去，成为世界通用的货币将是一件十分有希望的事。那时的比特币必将运用到各种商业领域，开创一种崭新的支付模式。

第八章
互联网支付
小额投资理财新宠

互联网金融真正做到了把投资理财搬到了每个人的电脑和手机里，随时随地轻松实现理财。提供这种便捷服务的功臣，自然少不了互联网支付系统。互联网支付颠覆了传统的支付手段，成为互联网金融小额支付的新宠。

1. 互联网支付，投资理财好帮手

互联网金融不仅改变了投资理财的模式，还改变了投资理财的支付方式。传统的投资理财需要我们拿着大把的现金到各种交易所去排队购买，自从有了互联网支付系统，我们的钱只需要一个移动客户端，就可以满世界飞翔，实现隔空支付，省时又省力。

● 互联网支付：互联网金融的基础工具

国内的互联网金融，可以追溯到十多年前的第三方支付兴起之时。2003 年，淘宝推出了支付宝支付系统，自此第三方支付开始迅速发展，如雨后春笋般茁壮成长起来。随后兴起的各式各样的支付系统，对网上交易的发展做出了极大的贡献，同时也为互联网金融爆发式的增长提供了条件。

目前国内第三方支付市场，首屈一指的当属元老级别的支付宝，支付宝 2014 年的支付总额就达到了 3.87 万亿元。紧随其后的还有财付通、中国银联等。这些第三方支付系统的共同特点，就是都属于平台依赖型支付工具，它们“寄生”在各大网络平台上，借助网络平台的力量发展壮大。例如，支付宝就是借助淘宝网平台发展壮大的。

第三方支付经历了多年的发展之后，逐渐具备了比较成熟的盈利模式，通过预付卡的发行与受理、银行卡收单等业务，获得了稳固的收益。然而，支付本身并不能产生多少收益，实际上，第三方支付的费率、扣点十分低，甚至多年以来也没有赎回支付公司的运营成本。

那么第三方支付的意义何在呢？不能实现盈利还有存在的价值吗？存在即合理，互联网支付存在的意义不在于盈利多少，而在于它是互联网金融发展不可或缺的一部分，是互联网金融的基础。

互联网金融时代，几乎所有的投资理财产品都是网上在线购买。即使有些平台有线下业务，也只是辅助性业务。投资者想要购买理财产品，就必须使用互联网支付系统，通过第三方支付完成交易。

没有互联网支付，就没有互联网金融。互联网金融的运行离不开“隔空”的资金流动，而资金流动必须要依靠互联网支付技术来完成。可以说，互联网支付是互联网金融的基础工具，是必须拥有的基础设施。

● 小额便捷：互联网支付应用主线

互联网支付的应用主线是小额支付。何为小额支付？先来了解一下。

小额支付是相对于大额支付来说的。那么什么是大额支付呢？大额支付是指中国人民银行现代化支付系统，这种系统依靠电子信息技术，实时处理各种全额的跨行跨区域支付业务，能够做到及时全额清算资金。小额支付也是中国人民银行现代化支付系统的重要组成部分，主要处理的是同城跨行、异城跨行以及规定金额的贷记业务。

简单来说，大小额支付都属于中国人民银行的现代化支付系统，只是所属的业务不同，其中最主要的差别在于小额支付有严格的资金数额限制，一般是 5 万元以下（含 5 万元）。

互联网金融之下的互联网支付系统，主要适用于小额支付。选择小额支付方式，是因为其有独特的支付优势。

首先，小额支付方便快捷。小额支付系统的支付指令处理方式是实时双边轧差方式。轧差、指令的传输以及入账等，都是在计算机上自动处理，不需要人工操作，从而最大化地提高了办理业务的效率，资金到账时间也得到有效缩短，周转更加灵活。互联网支付使用小额支付系统，主要看中的就是它的速度。在快节奏的生活环境中，提高速度就意味着取得了胜利。

其次，小额支付应用领域广泛。小额支付支持各种汇票、本票以及支票的截流业务。这些业务的扩展，有利于互联网支付系统与互联网金融发展的步调保持一致，这也是互联网支付发展的方向。因此，小额支付是互联网支付的首选支付方式。

小额支付为我们在网上办理各种金融业务提供了极大的方便，24 小时不打烊的“营业时间”，提供各种跨行、跨地区的资金清算业务，真正让你做到足不出户办理各种金融业务。

● 互联网支付随时随地玩转理财

互联网金融时代，绝大多数理财产品都从金融交易所搬到了网络平台上。我们所熟知的理财产品，比如余额宝、财付通、百度金库等，都是依托大型网络平台开展各种金融业务。

参与互联网金融，玩转投资理财，不仅要熟悉各大网站的理财产品，还要依靠强大的互联网支付系统，让我们的钱走出自己的“钱袋”，飞向更广阔的投资空间中，轻松实现投资理财的梦想。

那么，互联网支付在哪些方面让我们的理财生活变得更轻松呢？以下就从几个方面谈一下互联网支付给投资理财带来的便利之处。

（1）网上可以购买各种理财产品。

按照传统方式，买债券要到债券交易所，买股票要到股票交易所，存取款要到各大银行，要耗费投资者大量的时间与精力。互联网支付系统出现之后，这些麻烦就消失不见了。

互联网金融理财产品推出之后，我们只需要在网上购买即可。在网上购买产品就要依靠互联网支付。正是由于互联网支付的存在，让我们的购买行为不再苦累，反而成了一种愉快的享受。只要你拥有网络客户端，然后绑定相应的银行卡，就能随时随地实现实时转账，随时随地实现购买行为，整个流程甚至只需要几秒钟。

（2）网上团购。

生活中，你一定接触或者使用过各种团购网站，比如美团、百度糯米等。在这些网站上，我们可以叫外卖、订餐，买电影票、飞机票，甚至可以低价团购各种旅游景点的门票。这些团购网站提供的服务为我们提供了许多方便，让我们以最低的价格购入最超值的商品，不仅节省了金钱成本，还节约了时间成本。

提供这些服务，都要依赖互联网支付来完成的。互联网支付连接了买家与卖家，让消费者实现简单快速的交易，享受到优质的生活服务。

2. 支付工具盘点，你会用吗

如今的支付工具可谓是五花八门，有银行推出的银联支付工具，也有第三方支付公司推出的支付工具，比如支付宝、财富通等，而且除了网页版支付、电脑客户端支付外，还有移动支付工具。下面就一起来看看这些支付工具。

● 网上银行

网上银行是各大银行推出的网上支付平台，现在很多商业银行还推出了移动平台支付端。要使用网上银行，用户需要有银行的储蓄卡或者信用卡，并且到银行网点开通网上银行业务。之后，银行会给你一个网银盾，也就是安全密钥。用户每次交易时，都需要使用这个网银盾以确保交易安全。这种网上交易非常安全，几乎不存在用户账号被盗用的情况，但是使用不够方便，需要随时携带网银盾。

图 8-2-1 中国建设银行网银盾

● 第三方支付工具

第三方支付工具是目前使用最广，也是最便捷的支付工具，以阿里巴巴的支付宝和腾讯的微信支付为代表。所谓第三方支付，是一种第三方独立机构提供的网上金融交易平台。这个第三方独立机构必须和产品所在国家以及国内外各大银行签约，并具备一定实力和信誉保障。

使用第三方支付平台交易时，买方选购商品后，使用第三方平台提供的账户支付货款，由第三方通知卖家货款到达，买方收到货物并检验后，通知第三方支付平台付款给卖家，交易完成。

图 8-2-2 第三方支付工具

从中可以看到，第三方支付工具的介入不但使网上交易更加方便快捷，而且由于第三方支付平台之间的相互竞争以及它们与银行之间的竞争，第三方支付平台几乎都不需要收取手续费。

第三方支付工具使用特别简单。首先，你需要一个支付账号。这是一个免费账号，可以在支付平台的官网注册。其次，为了安全，你需要验证身份，以免别人盗用你的账号。注册账号时，系统要求输入登录密码和支付密码。登录密码用来登录你的账户，是账户安全的第一把锁。进行交易时，系统会要求你输入支付密码。没有支付密码，就无法对你账户中的资金进行任何操作，这是账户安全的第二把锁。由此可以看到，第三方支付平台相对来说还是很安全的。

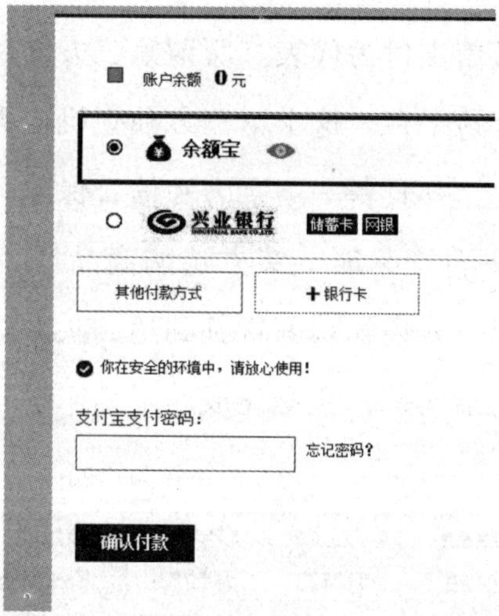

图 8-2-3

● 移动支付工具

移动支付工具其实是银行网银和第三方支付工具的子产品。由于智能手机的普及，用户将大多数时间都用在移动设备上，于是网上支付也开始通过移动设备实现，目前银行和第三方支付机构都推出了自己的移动支付工具。移动支付工具就是手机安装的支付宝、财付通等支付软件。

图 8-2-4

● 互联网支付如何做好安全防范

互联网支付是有风险的，但也不是没有任何安全保障，过分担心安全只会让我们寸步难行。

要做好安全防范，最重要的就是保管好自己的账户密码、支付密码、网银盾等重要工具。只要这些内容不泄露，别人就无法盗取账户中的资金。建议用户把密码设置为数字、字母和符号的组合，尽量不要用姓名、生日、纪念日之类的信息作为密码。

其次，在交易时，要看清支付网站是否是正规网站，以免掉入钓鱼网站设置的陷阱。

最后，发现资金被盗时，要立即报警并联系第三方支付平台。第三方支付平台对用户的每笔交易都有记录，通过多方努力，被盗的资金一般很快就能追回。

3. 互联网支付平台带来的便利

互联网支付平台方便了我们的生活，投资理财也让我们更加省钱省心。那么，在互联网平台上我们能享受到哪些便捷的服务呢？

● 便民服务，互联网支付让我们省钱省心

互联网支付给生活带来的便利真是数不胜数，比如网上购物、网上下单叫外卖、网上缴费等。如果你还没有使用过这些应用，那你真的应该尝试一下。如果你曾经使用过这些服务，现在让你离开这些服务，你还做得到吗？

（1）网上购物。

网上购物，就是我们常说的网购。每个人对网购的评论褒贬不一，有人说价格便宜，有人说质量良莠不齐。但是网上开店由于省去了门面费，经营成本因此降低不少，所以价格的确比实体店便宜很多。

目前，网购网站有很多，知名度最高的是天猫、淘宝、京东、亚马逊、当当网等（排名不分先后）。在这些网站上选择自己喜欢的商品后，可以在线付款，也可以选择货到付款，然后就可以等待快递员送货上门了。

如果网购的商品到货后发现不喜欢，或者与描述不符，可以在收到货后一个星期内申请退换货。网购平台会保障消费者的这些利益，所以你可以放心地网购。

图 8-3-1

（2）网上叫外卖。

炎热的夏天，室外如一片火海，你是否懒得出去下馆子，又不想自己下厨房？那就订外卖吧！你也许听说过电话外卖，就是打电话给商家，选择你喜欢的菜品，然后商家送货上门。由于饭点时商家很忙，一般都很讨厌顾客问东问西，顾客也很难找到自己喜欢的菜肴。

但是通过网上叫外卖，情况就不一样了。卖家会把自家所有的菜肴发布在外卖平台上，我们在这个平台上选购，然后提交订单，之后坐等商家送菜上门就可以了。如果商家未能在指定的时间内送到，可以申请退款。很多平台还提供超时补贴，是不是很方便？除了方便之外，外卖平台还有优惠活动，比如满 20 元减 8 元等。

除了可以通过电脑上网叫外卖之外，消费者还可直接用手机叫外卖。目前 Android 手机和苹果 IOS 手机都可以安装一些应用程序来订外卖，比如美团外卖、饿了么等。通过手机叫外卖更加方便，而且好多减免活动都是手机专享。

图 8-3-2

（3）网上缴费。

你们家的电话费、水费、电费、物业费都是怎么缴的？在网上缴费出现之前，相信你一定也是到电业局缴电费，到运营商营业厅交电话费。互联网支付出现之后，这些缴费方式都可以省去了。

现在只要到相应的网站上登录自己的账户，输入自己的信息，就可以顺利完成这些缴费，而且还有一定的优惠。一些大的支付平台，如支付宝、财付通等，还提供了一站式服务，你可以在支付宝上面完成所有日常生活缴费。当然，支付宝也有相应的手机客户端，也就是说，在手机上你就可以完成所有生活中的日常缴费。

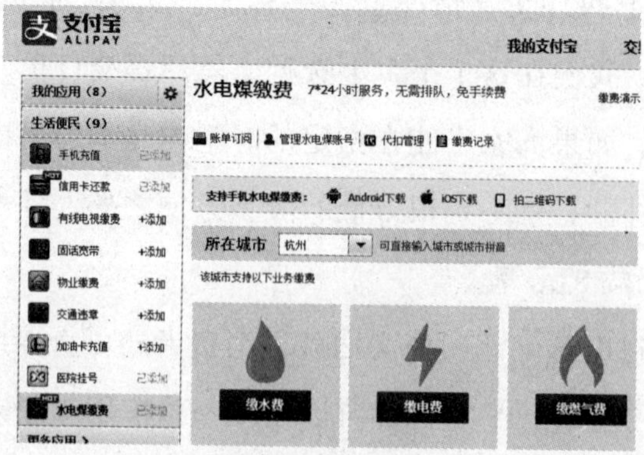

图 8-3-3

● 专享理财项目，支付用户的特权

在过去的日子里，你是如何理财的？定期存款，利息越来越低。银行买基金，排队麻烦，申购费率高。互联网支付到来之后，我们有了新的选择，那就是网上理财。互联网理财产品跟传统理财产品大同小异，只是购买方式从线下转到了线上，也就是说，你完全可以通过互联网进行投资理财。

互联网理财有很多优势。

第一，服务更周到。这得益于互联网大数据的优势。每个用户都可以拥有自己个性化的服务，即便是理财新手，也能在这种环境中快速成长为专家级理财高手。这也说明，如果不加入互联网理财，很快你就会被大家超越。

第二，信息更快速。互联网连接千家万户，信息传递的速度超乎我们的想象，理财信息实时更新，比传统方式优越了很多。

第三，成本低。商家的运行成本低，理财手续费也跟着降低。

加入互联网理财，你需要开通网上支付，因为买卖理财产品都需要在线交易。

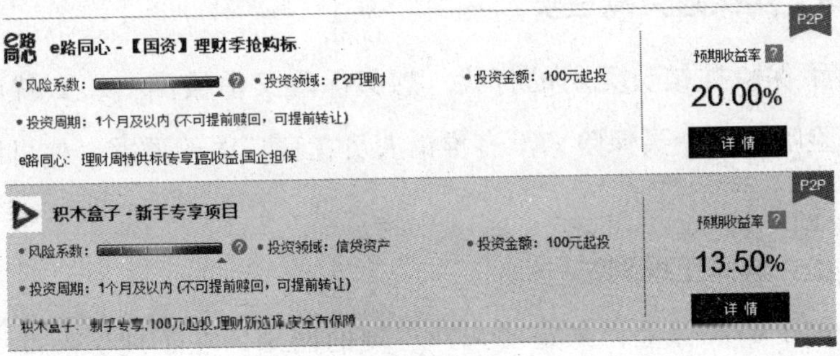

图 8-3-4

4. 通过互联网支付购买保险

购买保险是生活中经常遇到的事情，那么你是怎么购买各种保险的？亲自跑到各大保险公司询问，还是坐等保险推销员登门拜访？这些方式都已经过时了。互联网支付，让你足不出户，就能轻松购买各种保险。

● 网上买保险只需三步

受够了保险推销员无尽的打扰？想买保险又怕被骗？那么就试试在网上购买保险吧！网上买保险，没有推销人员花言巧语的诱惑，你可以只买你需要的保险。

第一步：选择正规网站

首次网上购买保险，一定要选择正规的网站，在正规保险商城或者保险公司官网购买。购买前要看清网站的域名，也就是浏览器地址栏里的内容。一些钓鱼网站常常伪装成正规网站的样子，它们的域名和正规网站域名很相像，但绝对不会一样。只有进入正规网站，才能买到正规的保险。进入钓鱼网站就好像走进一家黑店，哪里还有什么安全可言。

第二步：看清保险条款

和现实中购买保险一样，保险条款是我们与保险公司订立的合约，以后无论是理赔还是继续购买，都要按保险条款进行。购买前，一定要仔细审阅保险条款，有不理解的地方，可以向保险公司提问，寻求客服人员详细的解释。如果有条件，可以把他们的解释也记录下来留作证据。

有些人贪图便宜，很容易被高收益的保险产品诱惑，殊不知，天下没有免费的午餐。投资者一定不能为了便宜而购买了不需要的保险产品。无论保险产品的广告多么诱人，我们都要擦亮眼睛，以保险条款为准，做到万无一失。

第三步：查询保单真伪

收到保单后，应该立即查看保险公司的名称，查看保单印章是否清晰，是否印有该公司的客服电话和保单查询方式。通过保险公司公告的服务电话和门户网站，查询保单是否真实有效。查看是否有保单号、险种名称、保单生效时间、保险期限、保险金额、被保险人姓名及身份证号等关键内容。电子保单与纸质保单具有同等法律效力，如果选择只接收电子保单，一样可以致电保险公司客服电话查证真伪。

● 网上买车险，全新服务体验

你有没有想过在网上为爱车买保险？网上买车险，除了方便快捷之外，还可以省钱。现在汽车销售量不断提高，购买汽车对于大多数家庭已经不是什么经济难题了。但是车险服务行业的发展速度很慢，已经跟不上消费者的需求，网上车险服务便因此应运而生。网上买车险投保简单，以后出险理赔也简单。

下面就来看看如何在网上买车险吧。

第一，选网点。车主购买车险时，最好到固定的保险销售网站或官网购买，以免进入非法网站或钓鱼网站。非法网站或钓鱼网站的目的只有一个，那就是骗取用户账户信息和隐私信息。所以车主在购买之前，一定要仔细查看网站的网址，防止被骗。

第二，审条款。仔细审查车险合同的每一项条款。网上车险合同一般都以网页的形式展现给客户，虽然页面较长，但是需要仔细阅读。很多车主在网上买车险的时候，都不认真阅读合同条款，这样很容易陷入保险公司的陷阱，还有可能买到与自己预期不符的保险。

第三，核保单。保单是理赔的唯一依据。网上买车险和面销有区别，没有销售人员给你详细解释每个条款的含义，因此一定要仔细阅读和理解每个条款的内容和意义，如有不理解的地方，可以在线咨询客服。

第四，付款。目前购买车险需要到银行付款，也就是把应付金额存到保险公司指定的银行卡里。这样可以避免代理人私吞或者携款潜逃，安全性还是有保障的。

图 8-4-1

● 意外伤害险，网上购买更优惠

意外是谁也预想不到的，大家都不希望发生意外，但是天有不测风云，我们能做的，就是把意外造成的伤害降到最低，这时就需要保险的帮助。

为了得到安全保障，你会专门跑到保险公司买个保险吗？大多数人应该都不会这样做。那就让我们一起看看怎样在网上购买意外伤害险吧。

买保险当然要选择正规的保险公司，比如平安保险、中国人寿等知名大公司。这些公司都推出了网上购买意外伤害险的平台，而且价格实惠，普通群众都能接受。如图所示，这是平安保险推出的短期综合意外险，价格实在亲民。

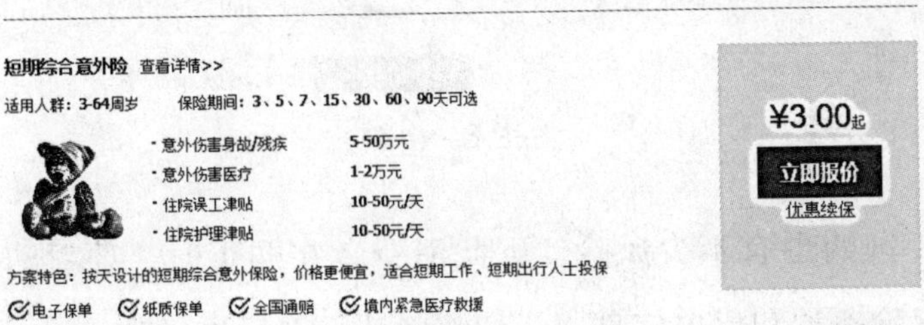

图 8-4-2

图 8-4-3

选择正规的网站，注册为网站会员，以会员的身份登录，再选择相应的产品。网站会有相应的提示，引导你一步一步填写相应的信息。之后付款，就完成保险购买程序了。

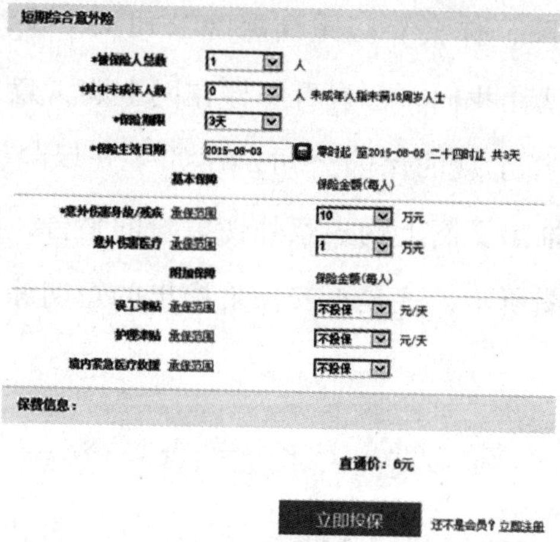

图 8-4-4

当然，网购也有不少风险，因此消费者在购买时，要看清商家信息，仔细审查保险条款和保单信息，一切都确认无误后再付款。

● 网上买家财险，省事更省心

许多消费者不知道家财险究竟为何物，这里先解释一下什么是家财险。顾名思义，家财险就是对家庭财产的保险，是个人和家庭投保的最主要险种。凡存放、坐落在保险单列明的地址内的家庭财产，都属于被保险人自有的家庭财产，都可以向保险人投保家庭财产保险。

家庭财产灾害损失险规定的保险责任包括：火灾、爆炸、雷击、冰雹、洪水、海啸、地震、泥石流、暴风雨、空中物体坠落等一系列自然灾害和意外事故。对于被保险人为预防灾害事故而事先支出的预防费用，保险人原则上不予赔偿；但对于灾害事故发生后为防止灾害损失扩大，积极抢救、施救、保护保险标的而支出的费用，保险人将按约定提供相应的补偿。

如果在网上购买家财险，不仅方便快捷，而且价格实惠。下面是平安保险官网上的家财险实例。

图 8-4-5

在网上购买家财险，具体步骤与网上购买其他保险产品十分相似。你只需要注册正规网站的会员账号，如果已经拥有账号的话，可以直接登录，然后选择相应的家财险产品。如果对产品有疑问，随时可以向网上客服询问。确定产品后，按照要求认真填写信息。这些信息是以后理赔的依据，一定要认真填写。最后提交订单，付款后按照订单的说明开始享受保险服务。

● 网上买保险，打好理赔仗

网上投保很方便，但是理赔方便吗？答案是肯定的。网上投保跟现实中投保的性质是一样的，保险公司会同等对待，我们只要做好以下防范工作即可。这些防范工作也是线下投保需要注意的内容。

网上购买保险理赔须知。

首先，记住你的电子保单号码，保存好电子保单并备份。

其次，万一出险，被保险人或者受益人应在三日内拨打保险公司电话报案。

再次，保存好与保险事故相关的证明和票据。申请意外伤害赔付涉及的文件一般包括：①保险凭证（电子保单）；②被保人身份证明；③受益人身份证明；④受益人与事故者关系证明；⑤门诊或住院病历；⑥门诊或住院费用收据原件、明细清单；⑦有关部门出具的意外事故证明；⑧死亡证明、户口注销证明、殓葬证明；⑨伤残鉴定报告。

第四，发生保险责任事故后，要按第3条要求收集理赔申请所需的凭证，到保险公司客户服务中心办理有关理赔手续。

第五，理赔金给付。保险公司收到保险凭证后，经审核确属保险责任范围内的事故，客户需要到保险公司所在地的机构办理理赔事宜。自保险事故发生之日起两年内，若被保险人或受益人没有提出赔偿申请，即视为自动放弃权益，保险公司不再赔偿保险金。

5. 通过互联网支付购买基金

购买基金是一种传统的投资理财方式，由于其相对稳定的收益与较高的安全性，深受许多投资者的喜爱。互联网金融平台也有许多基金产品，如何运用互联网支付方便快捷地购买基金呢？

● 网上购买基金的优点

（1）方便快捷。

传统的基金购买方式，需要投资者到银行或证券公司柜台办理相应手续，而且这些手续相对比较麻烦，银行排队的人也较多，这些都比较浪费时间。

如果选择在互联网购买基金，只需要一台能上网的电脑或者智能手机，就可以做到“足不出户，自如理财”。用户只需要在网上选择自己看好的基金，通过互联网支付付款之后，就完成了基金的购买，而且用户还可以实时监控基金的动态。赎回基金时，只要在网上按要求操作几步后就可以完成，全程不需要用户排队或者出门，十分方便。

（2）手续费低。

在银行或证券公司购买基金都要收取一定的手续费，并且费用一般相对较高。现在银行和证券公司都推出了“网上基金”业务，并且对网上基金交易都有一定的优惠政策，有些网上基金代售公司甚至提供手续费5折优惠。

需要注意的是，即使是在网上购买基金，不同的购买方式，费率也都不一样。三种网上购买基金的方式中，手续费由低到高大致是：基金公司网上交易系统、网上银行、证券公司网上交易系统。

对于消费者来说，投资理财是一项长期行为，既然决定要投资理财，就要做好长远的打算。只要投入足够的精力，每个人都会成为理财的赢家。买卖基金的手续费虽然看似很少，如果以长远眼光来看的话，也是不可忽略的费用。举个例子，如果按每个月定投10000元某股票型基金计算，申购费率是1.5%。如果打6折的话，那么每个月最多可以节约60元钱，一年下来可以省下720元。

● 四步完成网上选购基金

网上购买基金，还可以选择天天基金、天天盈、好买基金等平台。直接在基金网站购买的一大好处是手续费比较低，一般打4折。现在以天天基金网为例，介绍如何在网上购买基金。

图 8-5-1

步骤一，登录天天基金官网开户。注意网上交易的安全性，最好不要在公共设备上登录。在网站首页有一个“免费开户”的按钮，点击进去，填写相关信息即可。

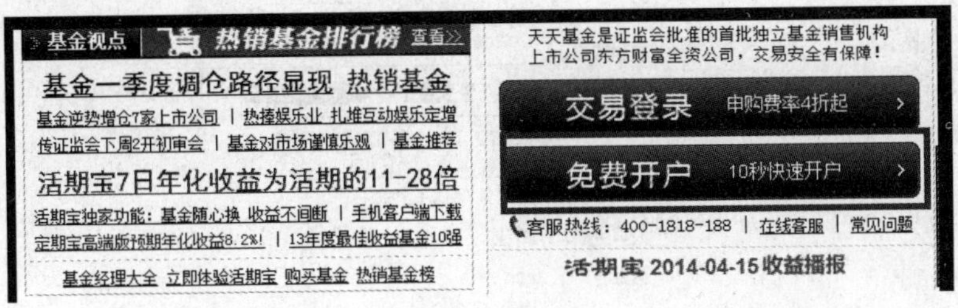

图 8-5-2

步骤二，填写个人信息。按照页面步骤填写姓名、手机号，点击下一步即可。

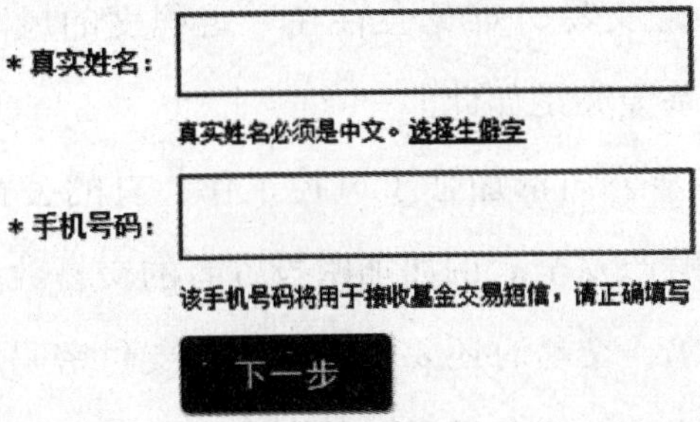

图 8-5-3

步骤三，注册完成后，选择基金时，可以从“基金排行”里选择。

图 8-5-4

步骤四，选好基金后，在购买基金页面填写相关的基金信息，付款即可。

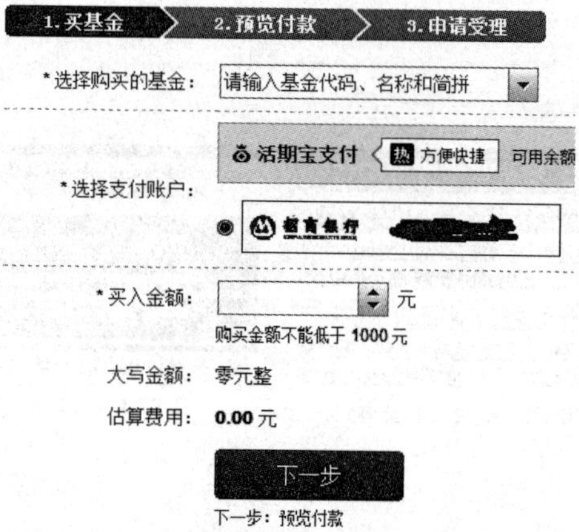

图 8-5-5

● 网上买卖基金，确保安全是关键

网上进行各种金融交易，难免会存在一定程度的风险，需要做好安全防范措施。网上购买基金亦是如此。

现在绝大多数基金公司都加强了风控工作，有的公司甚至采用多重防范措施，保障用户的财产安全。例如加密投资者的交易数据，用户登录必须要有交易密码和附加码，交易时还要输入银行卡支付密码。这种多重密码机制，就像一道道防护墙，保护着投资者的资金安全。

但是，基金公司的防护措施仅是第一层保护屏障，作为投资者自己，也要有高度的防范意识和相应的防护技巧。以下几点安全防护技巧希望能对大家有所帮助。

（1）确保平台网址无误。

如今的“山寨”网站特别多，它们的网页大多模仿一些比较知名并且受大众喜爱的基金平台，用户稍微粗心一点，就很有可能落入陷阱。因为山寨网站的界面做得和正规网站几乎一模一样，只在很小的细节上有所差别，而且这些细节需要特别注意才能发现。

投资者进入基金网站时，建议从收藏网址栏打开，这样就不会出现因网址输入错误而误入山寨网站的情况了。

（2）保管好账户和密码。

账户和密码是投资者登录平台的通行证，必须牢牢记住。为了防止忘记密码，可以把密码写下来，存放在一个自己熟悉的地方，以防万一。另外，登录时注意清理上网痕迹，防止密码和账户信息泄露。

（3）保护好经常使用的计算机安全。

投资者经常用哪台计算机登录基金平台，购买基金产品，就要有意识地保护好这台计算机。因为你的所有账号信息都在计算机上，一旦有外人或者黑客攻击你的计算机，后果将不堪设想。

如何保护你的计算机，防止信息泄露呢？首先要设置一个比较复杂的开机密码，指纹识别密码是首选。其次，及时更新你的浏览器或者操作系统，因为新版软件在安全防护方面都会升级。再次，安装杀毒软件很有必要，并且要及时更新杀毒软件。最后，不要轻易打开来历不明的信息或者邮件，里面可能潜伏着病毒。

（4）注重细节，随时随地树立安全意识。

随着科学技术的发展，金融犯罪的技术也越来越高超。互联网把我们紧密地联系在一起，同时也给犯罪分子提供了可乘之机。其实，所有的犯罪方式无外乎盗取客户的账户密码和其他隐私信息等。如何防止不法分子盗取这些信息呢？还是要从细节抓起。

平时应做到以下几点。

① 在公共场合尽量不要登录投资理财平台，以防被他人偷看。

② 不要使用公共网络进行支付交易，防止被他人监视。

③ 浏览基金平台后，别忘了退出账号后再离开。

④ 不要向陌生人透漏你的个人身份和账号等敏感信息。

网上购买基金，互联网给我们带来便捷的同时，也让许多不法分子有机可乘。利用互联网技术“偷梁换柱”，窃取用户的个人信息，尤其是强大的“黑客帝国”，更是让我们防不胜防。总之，网上购买基金产品，在享受互联网带来的便利的同时，也要提高防范意识。